シリーズ　フィールドインタラクション分析　1

多職種チームで展示をつくる

高梨克也 編

日本科学未来館『アナグラのうた』ができるまで

ひつじ書房

口絵a 『アナグラのうた』全景

口絵b ミー

「シリーズ　フィールドインタラクション分析」の狙い

　言語学の一領域である語用論は言葉の使い方を研究する分野であるが、言葉を使うことは日常生活場面の中にさまざまな意味で深く埋め込まれている。まず、言葉は「会話」の中で使われることが多い。また、会話のようなインタラクションは対面で行われる場合が多いが、そこではジェスチャーや視線などの非言語行動も言葉と密接に関連しながら重要な役割を果たしている。さらに、言葉を用いることによって、人々は何らかの「活動」を成し遂げようとしており、これらの活動にはさまざまな物質的な「環境」も関わっている。そして、言葉を使用して成し遂げられる活動は人間関係や制度慣習といった「歴史性」によって支えられると同時にこれを更新していくものでもある。つまり、言葉の使用の研究では、これらの文脈や状況の中から言葉だけを切り離して研究することはできず、言語使用を分析の中心に固定してしまうことすら妥当でない場合もある。言語は研究者にとっては「目的」かもしれないが、言語使用者にとっては、日常生活における何らかの活動を行うための「手段」の1つかもしれないという事態を正しく把握する必要がある。そのためには、言語使用の研究を会話分析などの相互行為の研究やジェスチャー分析のような身体動作の研究によって補完することが有効になると考えられる。

　まず、会話分析では、近年ではビデオデータの活用によって、言語だけでなく、言語の使用と時間的に密接に関連した視線やジェスチャーなどの身体動作をも含めたマルチモーダル分析が重視されるようになってきている。また、3人以上の参与者による多人数会話やその中での参与役割に関する分析が盛んになりつつあるが、多人数会話における聞き手の参与役割や次の話者の決定の際にも、視線や姿勢などの非言語行動の分析は不可欠となる。その一方で、会話分析の中でも、言語学との関連を重視した流れの中では、分析の焦点は「既に開始されている会話」の中の現象のみにあることも多く、日常生活場面の中で、いつ、何のために、また、どのようにして会話が始まるのかといった観点は必ずしも明確ではなかった。そこで、「日常生活場面の中での会話」という観点からは、会話分析を中心とした相互行

為分析に、雑多な物理的環境、活動に関わる組織やチームなどの集団の目的や性質、その中での複雑な人間関係的背景といった、各フィールドに固有の社会的・生態学的特徴を反映させていくための体系的な工夫が必要になるであろう。

　一方、近年のジェスチャー研究においては、ジェスチャーのような非言語行動を個々の行動ごとに分解して扱うカテゴリアプローチを超え、ジェスチャーがいかに言語の自然で自発的な産出と密接に関わりながら生成されるかという点に焦点が置かれるようになってきており、その意味でインタラクション研究との接点も生まれつつある。自然な日常環境において、人々は言語だけなく、ジェスチャーやその場のさまざまな記号論的資源を創発的に用いることによってインタラクションを行っているため、言語やジェスチャー、その他の身体動作などからなるマルチモーダルな統合のさまを捉えることが重要になる。しかし、ジェスチャー研究でも、その多くはジェスチャーが生起しやすい課題を実験参加者に課してデータの収録と分析を行うことが多く、日常生活環境における多くの要因が排除されている。また、ジェスチャーはインタラクションに関わるさまざまな身体情報のうちの一部に過ぎないため、ジェスチャー研究の手法がジェスチャー以外の身体動作の分析にどの程度適用できるかはまだ十分に確かめられているとは言えない。

　このように、会話分析やジェスチャー研究においても、言語使用の「現場」である日常生活環境の持つ圧倒的な複雑さと豊かさを十分に捉えきれていたとは言えない。一方で、人類学、社会学、民俗学などでは、人々の日常的な実践のさまを捉えるための方法として、「フィールドワーク」が行われてきた。フィールドワークは、参与観察によって、日常生活環境における人々の実践を、妨げることなく自然な姿で捉えるものであり、その対象は人々の活動のあらゆる側面に及ぶ。しかし、特に複数の人々が関わる協同活動においては、言語使用を中心としたインタラクションが極めて重要であるものの、従来のフィールド調査では、観察可能な事象の背後にある慣

習や規範、社会構造といった側面に主要な関心があったということもあり、この点は必ずしも十分に認識されてきたとは言えない。また、従来のフィールドワークの主な手法である参与観察では、インタラクションのような敏速かつ微細な現象の細部を十分に観察することはできないため、ビデオデータを繰り返し確認することによって、インタラクションの成り立ちを適切かつ詳細に把握することが求められるが、従来このようなビデオデータ活用の試みは中心的なものではなく、また、そのための手法も整備されてきているとは言えない。

　本シリーズでは、これまで主に会話分析やジェスチャー研究の手法によって言語使用の研究をしてきた研究者たちが、展示制作や鮨屋、介護施設、ロボット演劇、火祭りといった特色のあるフィールドにおける人々の間の自然なインタラクションをビデオ収録し、分析するものである。タイトルの「フィールドインタラクション分析」における「フィールド」には、「自然な日常生活場面（フィールド）でのインタラクション」を分析するという対象としての側面と、インタラクション分析を「フィールドワークとして行う」という方法論の側面の両方の意味が込められている。

　各巻の本体をなす分析では、従来の会話分析やジェスチャー分析などの手法を中心とした、ビデオデータの微視的分析が中心となるが、これを通じて、各フィールドに固有のさまざまな現象が明らかにされると同時に、従来は必ずしも明確に認識されていたとは言えない、さまざまな理論的課題も明らかにされていく。

　とはいえ、各巻の筆者はインタラクション分析の第一線の研究者ではあるものの、必ずしもこれまではフィールドワークを専門にしていたわけではない。そこで、本シリーズでは、データの詳細な分析だけでなく、「インタラクション分析がどのようにしてフィールドに近づいていったか」という観点から、各筆者が調査を進めていった際の様子について、それぞれのフィールドへの関心やアプローチの経緯なども含めて紹介していただくことにした。これによって、インタラクション分析の研究者がどのような理

由でそれぞれのフィールドに目を向けるようになり、また、フィールドワークの中でどのような困難さに直面し、これに対処する中でどのような方法論上の新たな展望を獲得しつつあるかを、より身近なものとして感じていただけるのではないかと考えている。

その一方で、フィールドワークを中心とした従来の研究に対しても、その中心にインタラクション分析を据えることによって、どのような新たな展開が見えてくるかという点を示すことが重要になる。そのため、本シリーズでは、インタラクション分析に興味を持つ読者だけでなく、フィールドワークを主な手法とする研究者や学生にも、インタラクション分析の特徴や利点をなるべく分かりやすく伝え、その入口を提供することも目指している。

さらに、インタラクション分析やフィールドワークへの学術的関心だけでなく、それぞれの特徴的なフィールド自体に対してさまざまな角度からの興味を持つ読者に対しても、それぞれのフィールドの面白さが伝わるよう、ビデオ分析に加え、インタビューなどによって現場の人々の声をなるべく届けられるようにするなど、多角的なフィールド理解を提示できるよう工夫していく。

シリーズ監修　高梨克也

目次

「シリーズ　フィールドインタラクション分析」の狙い ⋯⋯⋯⋯⋯⋯⋯⋯⋯⋯ v

第1章　何が分からなかったか? ⋯⋯⋯⋯⋯⋯⋯⋯⋯⋯⋯⋯⋯⋯⋯⋯⋯⋯⋯⋯⋯⋯ 1

  1.1　多職種ミーティング : なぜ今この人が発言するのか? ⋯⋯⋯⋯⋯⋯ 2

  1.2　未来の存在物 : どのようにして想像を共有するか? ⋯⋯⋯⋯⋯⋯⋯ 6

第1部　『アナグラのうた』入門 ⋯⋯⋯⋯⋯⋯⋯⋯⋯⋯⋯⋯⋯⋯⋯⋯⋯⋯⋯⋯⋯ 9

はじめに ⋯⋯⋯⋯⋯⋯⋯⋯⋯⋯⋯⋯⋯⋯⋯⋯⋯⋯⋯⋯⋯⋯⋯⋯⋯⋯⋯⋯⋯⋯⋯⋯ 11

第2章　『アナグラのうた』への道 : 制作者のねらい ⋯⋯⋯⋯⋯⋯⋯⋯⋯⋯ 13

  2.1　展示の学術的な狙い (小澤淳) ⋯⋯⋯⋯⋯⋯⋯⋯⋯⋯⋯⋯⋯⋯⋯⋯ 13

    2.1.1　未来館のミッション ⋯⋯⋯⋯⋯⋯⋯⋯⋯⋯⋯⋯⋯⋯⋯⋯⋯⋯⋯ 13

    2.1.2　情報分野の展示 ⋯⋯⋯⋯⋯⋯⋯⋯⋯⋯⋯⋯⋯⋯⋯⋯⋯⋯⋯⋯ 14

    2.1.3　展示テーマの選定 ⋯⋯⋯⋯⋯⋯⋯⋯⋯⋯⋯⋯⋯⋯⋯⋯⋯⋯⋯ 15

    2.1.4　展示コンセプト ⋯⋯⋯⋯⋯⋯⋯⋯⋯⋯⋯⋯⋯⋯⋯⋯⋯⋯⋯⋯ 17

    2.1.5　初期の展示プラン ⋯⋯⋯⋯⋯⋯⋯⋯⋯⋯⋯⋯⋯⋯⋯⋯⋯⋯⋯ 18

    2.1.6　立ち上げから完成までの全体的な流れ ⋯⋯⋯⋯⋯⋯⋯⋯ 23

  2.2　展示手法上の特色 (島田卓也) ⋯⋯⋯⋯⋯⋯⋯⋯⋯⋯⋯⋯⋯⋯⋯ 23

    2.2.1　未来館における展示開発の課題 ⋯⋯⋯⋯⋯⋯⋯⋯⋯⋯⋯ 24

    2.2.2　『アナグラのうた』の展示手法とコラボレーション ⋯⋯ 25

    2.2.3　制作体制と役割 ⋯⋯⋯⋯⋯⋯⋯⋯⋯⋯⋯⋯⋯⋯⋯⋯⋯⋯⋯ 30

column1　「研究プロジェクト」としての側面 ⋯⋯⋯⋯⋯⋯⋯⋯⋯⋯⋯⋯⋯⋯ 36

第3章　『アナグラのうた』の基礎知識 39

3.1　『アナグラのうた』の概要 39

3.2　フィールド調査の概要 43

3.3　製作施工チームの組織体制 47

column2　フィールド調査の対象としてのミーティング 52

Tips1　ビデオ撮影のためのいくつかのテクニック 54

第2部　多職種ミーティングでの傍参与者の気づき 57

はじめに 59

第4章　多職種ミーティングへの参与 63

4.1　理論的な背景から 63

4.2　二者間バイアスと傍参与者 66

4.3　ラウンドテーブル (RT) の参与者間の発話量の偏り 68

4.3.1　RTメンバーの発話率の全般的傾向 68

4.3.2　各RTの内部での発話率の変動 71

4.3.3　談話区間間での発話人数と発話量の推移 72

4.3.4　大局レベルでの周辺メンバーの局所的な参与の特定 74

Tips2　トランスクリプトとテープ起こし 78

第5章　懸念導入表現「気になるのは」と傍参与者 81

5.1　分析の出発点 81

5.2　懸念を表明する発話の構造 83

5.2.1　構文論的特徴 83

5.2.2　懸念導入表現を含むターンの内部構造 84

5.3　懸念表明を含む発話連鎖 86

5.3.1　懸念導入表現を含むターンの連鎖上の生起位置 86

5.3.2　懸念表明－解消連鎖 89

| 5.3.3 | 懸念の解消 | 92 |

5.4 懸念表明－解消連鎖の参与者 ········· 94
| 5.4.1 | 懸念導入表現が生起する談話区間の傾向 | 95 |
| 5.4.2 | 懸念表明－解消連鎖への参与者の特定 | 96 |

5.5 懸念導入表現とメンバーの職能 ········· 98
| 5.5.1 | 職能に基づく予測 | 99 |
| 5.5.2 | 職能に基づく傍参与者の積極的参与 | 101 |

5.6 懸念表明－解消連鎖と成員カテゴリー ········· 105
| 5.6.1 | 職能に基づくカテゴリー付随活動 | 105 |
| 5.6.2 | 懸念導入表現を用いた配慮と協議 | 108 |

5.7 多職種チームによる協同問題解決 ········· 111
| 5.7.1 | 多職種チームによる協同問題解決という困難 | 111 |
| 5.7.2 | 問題の表明を容易にする組織的工夫 | 114 |

5.8 情動とチーム ········· 118

5.9 まとめ：会話の内と外に跨って ········· 120

column3　ぶれる：「観察できること」と「観察できないこと」の両方 ········· 125

第6章　周辺的参与者が何かに気づくとき ········· 127

6.1 分析の出発点 ········· 127

6.2 理論的背景：気づきと関与 ········· 128

6.3 分析 ········· 129
6.3.1	分析方法	129
6.3.2	事例1：付随的に調べる	130
6.3.3	事例2：付随的に考える	135

6.4 議論 ········· 140

column4　多様だが、それぞれに一理ある反応 ········· 143

第3部　身体と環境を使った想像の共有　145

はじめに　147

第7章　未来の存在物をめぐる協同問題解決　149

7.1　疑問点：「まだ存在していない」対象物を正確に表象する？　149

7.2　作業仮説：「問題解決に資する」という視点　150

7.3　事例分析：表象の変換　151

 7.3.1　事前ミーティングでの調整　151

 7.3.2　ミーティングでの問題提起の際の表象の利用　153

 7.3.3　現場での検証の際の表象の利用　157

 7.3.4　検証結果の波及の際の表象の利用　161

7.4　議論　162

第8章　想像を共有するための身体的技法（平本毅）　167

8.1　はじめに　167

8.2　想像の共有　168

8.3　第一の問題：想像を「共有」すべきポイントをどう伝えるか　170

 8.3.1　方法：演技中の「振り向き」　170

 8.3.2　想像の共有　173

  8.3.2.1　「振り向き」が置かれる位置　173

  8.3.2.2　想像の「共有」を働きかけること　174

  8.3.2.3　聞き手の反応　175

 8.3.3　第一の問題のまとめ　176

8.4　第二の問題：複雑な物事に関する想像をどう表現するか　177

 8.4.1　身振り表現のやり直し　177

 8.4.2　環境と組み合わされる身振り　180

 8.4.3　方法：身振り表現の「やり直し」　181

  8.4.3.1　身振り表現の「やり直し」の認識可能性　181

  8.4.3.2　もう1つの身振り表現の挿入　184

  8.4.3.3　表現のやり直し　185

8.4.3.4 想像を共有すべき機会の創出		186
8.4.4 第二の問題のまとめと考察		187
8.5 おわりに		188

column5　未来館撮影業務と2011年3月11日のこと（田村大）　190

後日談　195

『アナグラのうた』の制作を振り返る　197

9.1　読後感　199

9.1.1　「気になる」が気になる　199

9.1.2　現場で更地から考える　201

9.2　裏話　202

9.2.1　入札までのチーム編成　203

9.2.2　笹島氏の役割と職能　205

9.3　『アナグラのうた』の制作を振り返って　207

9.3.1　RTの運営時に心掛けていたこと　207

9.3.2　他の展示制作時との比較　210

9.4　後日談の後日談：調査者の狙い・再考　213

参考文献　217

初出情報一覧　222

あとがき　223

索引　227

監修者・編者・執筆者紹介　231

1

何が分からなかったか？

　本巻は、日本科学未来館（以下「未来館」）の常設展示『アナグラのうた～消えた博士と残された装置』の制作過程における関係者のインタラクションについて調査したものである。この展示制作過程の特徴は、①多職種チームが、②まだ存在していない「展示」という対象物を、徐々に構築していくという点にあり、そのための実践において核となっていたのは、チームの各自が多くの場合にはまだ潜在的な問題に「気づく」こと（第2部）とこうした気づきを他のメンバーとの間で「共有する」こと（第3部）であったと考えられる。

　しかし、こうしたことは展示が完成した後の時点だから言えることであり、正直に言えば、調査の初期の段階においては、特に初めてこうした大規模なフィールド調査を行う本調査者は、このようなフィールド調査の焦点となるべき事柄が全く見通せない不安な状況にいた。

　フィールド調査の初期においては、調査者には分からないことがそれこそ山のようにある。対象がミーティングのような言語活動である場合にも、発言の中に出てくる固有名詞や専門用語のようないわゆる「背景知識」だけでなく、それぞれ発話の背後にある発言者の「狙い」のようなものが分からなければ、そこで行われている活動の意味や面白さを正しく理解することはできない。逆に、フィールドの中でのさまざまな知識などを徐々に

吸収していくにつれて、ある発言者がどのような隠れた狙いのもとに発言しているかや、これに応答する参与者がどのようにして例えばこの狙いを察知しつつも表向きはこれを避けようとしているのかといった点が徐々に理解（少なくとも推測）できるようになっていく。こうした点こそが特にミーティングのような言語によるやりとりを対象としたフィールドワークの醍醐味の1つであるといえるのではないかと思う。

　しかし、その一方で、自ずから「徐々に分かるようになっていく」のを待つだけでなく、調査者の側のどのような知識、経験、観点などの変更によってこうした理解が可能になっていくのかという点に自覚的になるのでなければ、フィールドワークという実践自体はいつまでも名人芸の域にとどまり、方法論化されることはないのかもしれない。そこで、本巻では、ミーティングのような多人数かつ多職種での会話において、「なぜその参与者がその発言を行うことが可能／必要なのか」（第2部）、「メンバーはどのようにしてまだ存在していない対象物についてのイメージや問題点を共有していくか」（第3部）という点に焦点を当てつつ、こうした問題意識に到達するまでの調査者自身の思考についても振り返りながら議論を展開することを試みたい。

　ただし、ここで少しややこしいのは、このような一連の試行錯誤は「初期に分からなかったことが調査と分析を重ねるにつれて徐々に分かるようになってきた」といった単線的なものでは必ずしもない、ということである。それは、初期においてはそれこそ「何が分からないのかも分からない」からである。つまり、フィールドの特徴や調査の焦点とするに値する問題設定が見えてくることと、この焦点となる問いに関連するどのような点が最初のうちは分かっていなかったのかが明確になってくることとは表裏一体の過程として進んでいくものであると考えられる。

1.1　多職種ミーティング：なぜ今この人が発言するのか？

　次の**事例1.1**では、質問−応答の3つの隣接ペア（第4章）において、質問と応答を行っている計7人の参与者がすべて異なっている（①：Q＝田口、A＝赤木、②：Q＝笹島、A＝向井、③：Q＝山田、A＝山内&小室）。これらの3つの隣接ペアの間に互いにどのような意味的な関連性があるのかを直ちに特定す

事例1.1 ［第12回RT_110506］

田口：持ち帰り検証して，金曜日のラウンドテーブルぐらいでどうですか．

赤木：えっ，火曜日でしたっけ，十日って．

笹島：火曜日です，水，木，二日間．

赤木：ちょっと帰って相談させてください．

笹島：ちなみにログイン端末って，コンテンツの方で何かこう映像とか，

　　　影とか付けるんですか，これにも．

向井：いや，付けないです．

　　　えっとログイン端末，あっ，ログイン端末自体にはないんですけど．

笹島：うん．

向井：あっ，それ何か影響します？

笹島：いや，仮にその位置がどんだけ空ければいいか．

　　　たぶんいま一番決まんない什器って，これになるかなと思ってるんですよね．

　　　理由として，そのセンサーの検証結果とか．

向井：あっ，じゃあ，あっ，それが分かってれば大丈夫です．

　　　えっと，そこのところを，一応動きがあって，えっと，

　　　再入場した人だけに起こるイベントっていうのは，いま考えているんですよ．

　　　で，それはその什器自体に，影とか拾ったりするもんではないので，

　　　その横がむしろ，こっち，端末だった，こっちの方か．壁の．

笹島：この辺っていうことですか．

向井：そうです，そうです．

　　　ここがえっと，こういうふうに，横に動かせるぐらいでよければ，

　　　えっと，さほどその問題ではない感じですね．

笹島：分かりました．

山田：これ，あの，イントロの端末が，えっと，仮にその場で

　　　位置を決定しなかったとしたときに，他への影響って結構大きいですか．

　　　それともローカルに留められますか．

笹島：こいつと，あっ，頭取ったんで，こいつとの関係ですかね．

山内：それぞれの什器との関係とここです．

山田：真ん中よりこっちに寄るってことないですもんね．

山内：そうですね．ここ，ここの辺の子たちに．

小室：そういう意味ではわりと独立して解決（できる）．

笹島：うん，うん．

山内：ナガメと，その解説映像とワカレ．

　　　ワカレじゃない，えっと，えっと，ロストしたとき用のに

　　　関係がありそうっていう．それ以外は特になさそう．

　　　ああ，余波があったとしても．

山田：うん，うんっ．

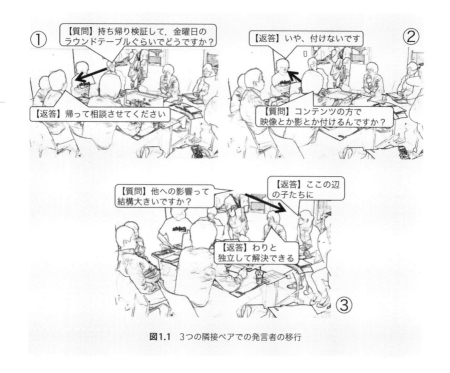

図1.1 3つの隣接ペアでの発言者の移行

るのは難しいものの、各隣接ペアを開始する質問者の質問の形式やそれ以外の振る舞い、さらにはこの質問者以外の振る舞いなどから見るに、少なくともこれらの3つの隣接ペアは互いに密接に関連しあっているものであるとは感じられる。しかし、この文脈において、なぜこれらの質問を行うのがこれらの質問者だったのかも分からないし、質問者は視線などによって明示的に応答者を選んでいるように見えるものの、なぜこれらの応答者が選ばれたのかも分からない。

カメラワークに例えるならば、次に誰が発言するかが予測できないため、当該の発言者が発言を開始してから、慌ててその人物にカメラを向け直すといったことが続くといった状態である。カメラマンとしてはかなり不適格であるといわざるを得ない。つまり、こうした場面に遭遇した時、調査者にとって分からないのは、「その位置でその内容の発言を行うのがなぜその人なのか？(Why that person now?)」という点である。

3人以上の参与者のいる多人数会話(坊農・高梨, 2009)において誰がいつ話すかということは、「よくしゃべる人」といった性格特性の観点だけでは

説明できない一方で、「直前までよく話し手になっていた人」というような会話の局所的な文脈における傾向だけから十分に予測できるわけでもない。さらに重要なこととして、調査者としてのわれわれが理解したいと望んでいるのは、単に匿名の参与者A、B、C…のうちの「誰が」ではなく、「なぜ他ならぬその人物が」話し手になるのか、という点であるはずである。もちろん、「その位置でその内容の発話を行うのがなぜその人なのか?(Why that person now?)」という問いは、会話におけるあらゆる発話に対して向けうるものであるため、「なぜ」の答えについてもさまざまなものがありうるが、特に本書では、この問いを調査対象である『アナグラのうた』制作チームのもつ「多職種性」という特徴と関連づけて考えてみることにする(第5章)。

　ミーティングはさまざまな実社会場面での相互行為を対象としたワークプレイス研究(Luff et al., 2000; 水川他, 2017)においても重要な対象となってきているが(Asmuß & Svennevig, 2009; Svennevig, 2012)、これらの一連のミーティング研究では、従来はミーティング室や資料の使用といった環境面、議長の役割や開始と終了の手続きといったミーティングに特有の会話現象、リーダーシップのような会話内での社会関係などが中心的なテーマとされることが多かった。これに対して、本書では、多職種のメンバーから構成されたチームによるミーティングを対象にすることによって、ミーティング内での話し手や聞き手といった参与役割の問題について、成員性や組織役割という観点から考察することを狙いとする。

　第2部の第5章で着目するのは「気になるのはXだ」という形式で代表される「懸念導入表現」である。ミーティングの場でこの表現が用いられる際には、その直前までは話し手や発話の直接の受け手になっていなかった傍参与者(第4章)が(分析者にとっては)突然話し始めたり、直前の発話の受け手ではなかったにもかかわらず、応答を開始したりするということがしばしば観察されるが、本書ではこうした参与役割のダイナミックな変更が「成員カテゴリー化装置」の観点から体系的に理解できるのではないかという可能性を示すつもりである。

　他方、傍参与者は、このようにいわば突然会話の中心的な参与者に変化するだけでなく、逆に話し手や直接の受け手になっていないことを利用して、会話に付随する別の活動に「関与」するということも観察される(第6章)。こうした付随的な関与の可能性からは、ミーティングという協同活動

の場に、会話という焦点の定まった直線的な活動の流れとは並行して、別の活動の流れがいわば「伏流水」のように潜在しており、ある場合にはこれが会話の流れへの貢献をもたらすという可能性が示唆される。

　懸念導入表現においても付随的関与においても、それらの契機となっているのは、本章の冒頭で述べたような、それぞれのメンバーの持つ「気づき」の能力であると考えられる。多職種チームではメンバーごとの異なる「気づき」が協同活動を進めていく上での原動力の1つとなっており、また、こうした異なる「気づき」の能力を適切に発揮できるようにしていくことが協同活動の成功の鍵の1つであると考えられる。

1.2　未来の存在物：どのようにして想像を共有するか？

　次のようなビデオデータが手元にある。

事例1.2　［現場_110510］

```
山田　04　(9.0)((岡田が段ボールでできた什器の間を横切る))
山田　05：あ(1.3)((山田が岡田を見る))くっついくて＞, 入￥れ替わりま￥した
岡田　06：入れ替わりました¿
　　　07　(0.4)((山田が頷き, ディスプレイを見る))
岡田　08：わかりました(0.9)
岡田　09：もう一回やってみます((岡田が入口へ歩く))
　　　10　(11.4)((岡田が段ボールでできた什器の間を横切る))
山田　11：くっついて, 入れ替わりました((山田が岡田を見る))
　　　12　(0.5)
岡田　13：入れ替わりました¿
```

図1.2　現場にて

この場面では、制作途中の展示空間内に段ボールで作られた模型が複数置かれており、その形状などから察するに、おそらくこれらはこれから制作される展示物の造形を象ったモックアップなのではないかと考えられる。空間中には3人のメンバーがおり、その中の1人の岡田がモックアップの周囲を歩くと、少し離れた場所でコンピュータの画面を見ていた山田が岡田に向けて「くっついて入れ替わりました」と発話する。

　実はこの日は私は調査に行くことができなかったため、そうした場合に撮影を依頼している映像製作会社から後日届いたビデオで始めてこの場面を確認したのだが（Tips1およびcolumn5参照）、そこで私がすぐに理解できたのはこの程度のことだけだった。彼らはいったい何をしているのだろうか。

　少なくともここで推測できるのは、おそらく彼らはこの活動を展示制作という協同活動の一環として行っているのであろうということ、だとするならば、この活動には展示制作に関わる何らかの目的があるはずであろうということ、そしてこうした目的にとっては現場で身体をリソースとして使うということが何らかの意味で重要だったのではないかということ、さらに、通常のミーティング日以外にミーティング室以外の場所で行われている以上、この活動の目的や日程などはこれに先立つどこかの時点で予め決まっていたのはないかということ、などである。そこで、この場面に先立つミーティングのデータについて、この活動の目的やスケジュールなどに関する議題がなかったかを遡って探していったところ、予想通り、この活動のことがこの日から遡る過去2回のミーティングの中で継続的に議題となっていたことが分かった。さらに、分析を進めることによって、これらのミーティングからこの場面での活動までを通じて、メンバーが「まだ存在していない」対象物である展示について、完成後に起こりうる問題を未然に想像し、この想像を共有することを通じてこうした問題を予防することに成功しているのではないかということも分かってきた（第3部）。

　「起こりうる問題」を予測できるということも上述の「気づき」の能力の重要な一部である。しかし、「起こりうること」とはすなわち「まだ起こっていないこと」のことである以上、この気づきを他のメンバーと共有することには本質的な困難があるはずである。言い換えるならば、メンバーが未来の存在物にまつわるさまざまな想像を共有する際に「実寸大の表象」と

しての身体が効果的なリソースとして用いられていくが(第7章)、しかし、身体やその動作によって想像の「共有」という実践が実際に達成されるためには、これらが現実のインタラクションの持つ実時空間的な構造の中に適切に埋め込まれていなければならないはずである。そこで、第8章では、想像の共有という実践を達成するための工夫として、実演の最中の振り向きや開始された身体表現の途中での他の身体表現の挿入に着目した、さらに微視的な分析を試みることにする。

第 1 部

『アナグラのうた』入門

はじめに

　普段地味な生活をしている私にとっては、日本科学未来館（「未来館」）は「煌びやか」なところだ。人文系出身の私に縁があるのも「未来」よりはどちらかといえば「過去」の方が多い。現在私自身が携わっている仕事も、世間的には「最新科学」の一部を成しているように見えるかもしれないが、自分ではいわゆる「科学好き」とは対極にいる人間だと思っている。このように、未来館は以前の私にとっては「縁遠い」世界であったはずだ。

　それが、あるちょっとしたきっかけによって、未来館でのフィールド調査を始めることになった（column1も参照）。私が興味を持ったのは煌びやかな未来館の「裏側」だ。もちろん、「裏側」といっても、世に公開できないようなダークサイドのことではない。一般の来館者が見ることのできる、未来をイメージした、ともすれば煌びやかな展示物の数々がいったいどのようにして出来上がってくるのか。こうした制作過程は（調査を始める前の私自身も含む）多くの人々にとって、いわば「ブラックボックス」のようなものであろう。それならば、「未来」にも「科学」にもあまり親近性のない私にも大いに興味がある。そこで、このブラックボックスの中に潜入して、そこで何が行われているかを知ることがこの調査の目的となった。

　第1章で紹介したように、本書の第2部と第3部ではそれぞれ、メンバーによる「気づき」とこうした気づきの「共有」に焦点を当てたインタラクション分析を展開していく。それに先立ち、この第1部では、本書での調査対象となった『アナグラのうた〜消えた博士と残された装置』という展示の持つ特徴とその制作プロセスなどの背景について紹介しておきたい。

　第2章では、『アナグラのうた』が完成するまでの長期的な活動の流れについて、制作に中心的に携わった未来館の2人のスタッフ自身の視点から振り返っていただいた。1人目の小澤淳氏は、この展示の科学技術統括として、主に展示の科学的な内容面に責任を負い、科学監修者の先生方とのやりとりを担った人物であり、この展示のコンセプトである「空間情報科学」

という概念に着目し、これを展示物として実現させていくという一連のプロセスについて紹介していただいている。小澤氏は本書の一連の調査を開始する際に最初の窓口になっていただいた方でもある（column1）。2人目の島田卓也氏は、展示手法統括として、科学的なメッセージを来館者が体感できる展示という具体物としてどのように具現化していくかという課題に小澤氏と一緒に携わると共に、これを魅力的な展示として実現する上で、どのような人物の持つどのような能力が必要となるかを割り出してメンバーを集め、集められた互いに異質なメンバーをチームとして機能させることによって展示の完成までを導いていった人物であり、本書では、こうした一連のプロセスにおける試行錯誤や心がけていた点などについて振り返っていただいている。本書で展開される分析の際の切り口となる発想の中にも、調査現場での島田氏との何気ない雑談の中から出てきたものも多い。また、本書の最後の「後日談」では、本書刊行の直前の時期に行った両氏へのインタビューについてもまとめており、そこでは、本書の分析では明らかにされていなかったさらなる裏話などについてもお聞きしている。

　このようなプロセスを経て完成した『アナグラのうた』は世の中に類似のものを見つけるのが難しい斬新なものであるため、そのメカニズムも複雑である。そこで、第3章では、『アナグラのうた』の持つ特徴について、特に第2部以降の分析をより深く理解していただくのに必要となるであろうキーワードや人物を中心にピックアップして紹介しておくことにする。また、完成した展示についてだけでなく、展示制作の時系列的な流れについても俯瞰的に整理することによって、分析対象となる事例やエピソードの時間的な位置づけについても確認できるようにした。

2

『アナグラのうた』への道：制作者のねらい

小澤淳・島田卓也

2.1　展示の学術的な狙い（小澤淳）

2.1.1　未来館のミッション

　未来館は、一般的にイメージする科学館とは異なる、ユニークなコンセプトを持つミュージアムである。理念として掲げているのは、「科学技術を文化として捉え、私たちの社会に対する役割と未来の可能性について考え、語り合うための、すべての人々にひらかれた場」。これは展示活動のみならず、ワークショップや館外活動なども含むすべてのアクティビティの指針となる。常設展示を構想するにあたり、ここから次の事項が要件となる。

　第一に、いま世界で起きていることを科学の視点から考えるためには、現在進行形の科学技術を理解することが必須となる。必然的に展示テーマとして、先端の科学技術を扱うことになる。来館者は最新の研究成果に触れることで、未来社会への発想を豊かにすることができる。

　第二に、科学技術には光と影があり、必ずしも望ましい未来を約束するものではない。だから科学技術の持つマイナス面も、展示の中で言及する必要がある。最新の研究成果には評価が定まっていないものも多いが、そ

うした現状も隠すことなく伝える。逆に科学技術を一方的に賛美する展示では、未来を語り合う上で正しい判断ができなくなる。

第三に、そうした要件から、未来館のメインターゲットはある程度、自分でものを考えることができる年齢層となる。子供の教育を目的とした、いわゆる「こども科学館」ではない。ただし、現実には小学生や幼児（親子連れ）の来館者も多い。「すべての人々にひらかれた場」なのだから、彼らも含めた来館者の幅広い期待に答えられる展示体験を提供すべきである。

また、常設展示には、展示手法の面でもこれまで誰も見たことがないような独創的なアイデアが求められる。表現においても最先端が要求されるのである。

2.1.2 情報分野の展示

新規の展示が計画されていたスペースは「情報科学技術と社会」（以下、「情報分野」）という分野カテゴリに属するものであった（当時は他に、「技術革新と未来」「地球環境とフロンティア」「生命の科学と人間」があった）。要するに、コンピュータやインターネットなどの情報分野の最先端を扱うわけである。

展示を構想するにあたり、その分野の特徴を十分に考慮する必要がある。以下に情報分野の展示を作るに当たっての、3つの考え方を述べる。

ひとつは展示手法について。例えばヒューマノイドロボット（技術革新分野）の展示ならば、その場に本物のロボットが登場し、デモを行うだけで立派な展示となる。ロケットエンジン（フロンティア分野）ならば、実物がその場にあれば最も説得力がある。本物がそこにあるということが、わざわざ足を運ぶモチベーションになるのである。情報分野の場合も同様である。フェイクや模造ではなく、本物の「空間情報科学（後述）」を体験することが

図2.1　インターネット物理モデル　　図2.2　メディアラボ

展示の肝になるよう心がけた。

　情報分野の2つ目の考え方としては、ドッグイヤーに例えられるように技術革新や技術トレンドの移り変わりが激しく、それゆえに展示を作っても古びるのが早いということである。これまでも、当時の先端技術を集めて未来的な展示を作ったのはいいが、数年で現実に追い抜かれてしまうことがあった。

　これに対応するためには、3つの方法がある。ひとつは、長く使われ続けることが確実な題材を選ぶこと。例えば未来館には、インターネットでの情報の伝搬を白と黒のボールで表した「インターネット物理モデル」という展示がある（**図2.1**）。インターネットのプロトコルは今後しばらく変わらないだろうから、展示テーマもコンセプトも古びることはない。ただし最先端を標榜する未来館としては、こればかりではいけない。2つ目は更新可能な展示にすることである。未来館「メディアラボ」は、半年ごとに展示が入れ替わることを前提としたスペースである（**図2.2**）。常設展示でありながら、頻繁にコンテンツが変わるため、常に新鮮さを保つことができる。第三には、なるべく遠い未来を先取り予測してテーマ選定をすること。これが最も難しい。賞味期限の長いコンテンツを作るには、徹底した科学技術リサーチが求められる。今回の展示では、第二の方法も取り入れながら、第三の方法を実現すべく展示テーマの選定を行った。

　3つ目の考え方としては、情報分野の展示に対する期待である。展示更新を行うエリアには、「スモールフィッシュ」「時間の壁」「ライドカム」などの展示があり、これらは総じてアミューズメント性の高い展示であった。すべてが体験型展示であり、インターフェイスが優れているため、大人や子供を問わず予備知識なしに楽しめる展示である。情報分野は、体験することで本質を理解できるため、その場合の体験の質が重要になるのである。情報分野の展示には、こうした「楽しい」という要素を引き継ぐべきであるという期待がある。このため本プロジェクトでは展示手法の監修としてゲーム・クリエイターを登用し、設計を進めた。

2.1.3　展示テーマの選定

　当時の情報分野には、5つのサブカテゴリー「いつでも」「どこでも」「誰で

も」「なんでも」「つながり」があった。これはスマートフォンもブロードバンドもなかった2001年の開館当時、情報技術の目標がその5つであったことに由来するのだが、既にそれらの目標は現実社会において達成されており、いまさら感は否めなかった。ただし継続性は必要である。そこで新しい展示では、それらの考え方をすべて包含した上で、次に進むべき方向性を示すものを考案した。そこで出されたのが「世界が空間的・時間的・量的・質的に広がることによる、未来の社会の可能性を体験的に理解することができる」という考え方である。

　次に考えるべきは、科学技術政策との関わりである。当時の検討の元となったのは「第3期科学技術基本計画」（平成18年～22年度）であり、そこには政策目標として「世界を魅了するユビキタスネット社会の実現」が掲げられていた。また具体策として「すべての『ひと』と『もの』がつながることを可能とするIT環境の実現」の項目があった。国の指針から新たな研究成果が生まれる可能性は高く、考慮に入れる必要がある。

　これらのことより、「ユビキタス」技術を使って情報環境と人の関係性を問いかける展示、という方向性が定められた。展示のイメージとしては、何も持たず身体1つでその空間に行けば、空間の方が自分を覚えていてくれて、いろいろと便宜を図ってくれるというもの。問題はその技術を指し示す言葉である。ユビキタスという言葉は既に新鮮味に欠けていたし、他に「アンビエント・コンピューティング」「サイバー・フィジカル・システム」といった新しい考え方も提案されていたが、分かりやすい名前ではなかった。未来を先取りしたのだが、如何せんまだワードとして成立していない領域だったのである。

　名前と実態が一致しており最有力候補になったのが「空間情報科学」である。東京大学空間情報科学研究センターの柴崎亮介教授は、人やモノの移動や振る舞いを計測し、移動体を識別したり、空間行動のモデリングから最適なサービスを提供する研究を行っている（図2.3、図2.4）。教授自身、技術と社会の関係性について問題意識があり、特に「情報共有」のあり方に強い関心を持っていた。未来館のミッションとも相性が良いことが分かった。

　こうして展示テーマと展示監修者が決定した。

図2.3　歩行者の移動軌跡を計測し画像に重ね合わせて表示した例（柴崎研究室）

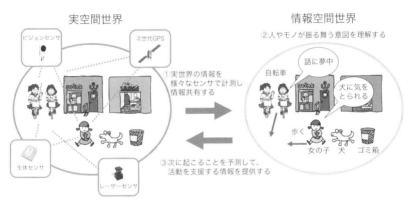

図2.4　空間情報科学が浸透した社会のイメージ図

2.1.4　展示コンセプト

　未来館のすべての常設展示には、展示を科学的知見から監修する「展示監修者」が存在する。展示監修者は、展示コンセプトや展示メッセージに深く関与するのである。

　柴崎教授とは展示プラン策定のため、繰り返しミーティングを行った。教授がたびたび強調していたのは、個人の持っている情報を集めることは、本人にとっても社会にとってもメリットがあるということである。例えば、ドイツ東部（旧東ドイツ）ではグーグルマップの精度が非常に粗いのだが、皆の車の軌跡を集めると道路が見えてくる。それで地図をどんどん更新していくということが実際に行われている。一方で、個人情報の問題

がある。ある特定の企業に個人情報が集中することは危険である。だから銀行のような仕組みが必要で、その縮図のような展示にしたいという。

目指すべき方向性が一致した。こうして考案した展示コンセプトが、「個と全体がつながる情報空間の中で、情報共有の考え方を体感する」である。展示コンセプトを詳細に述べると次のようになる。

「空間情報科学」とは、実世界情報をセンシング（計測）し、人やモノの振る舞いを計算により理解することで、実世界に起こる様々な問題を解決するための支援を行う科学技術である。何も持たずに、空間に入るだけで情報環境につながる、という新しい体験をもたらす。

そこでは、個人が移動する行為自体が有益な情報となる。うまく活用すれば、次に起こることを予測して、ピンポイントで適切なサービスを提供できる。多くの人の情報を広く集め、解析することにより、個人のみならず、コミュニティや社会全体の問題解決を図ることもできる。そのためには、個人の情報を円滑に共有できる環境を整備することが重要である。

ただし個人が情報を提供することにはリスクが伴う。一人一人がメリットとリスクを理解したうえで、自らの意思に基づいて選択することが必要になる。こうした考え方は、新しい時代の情報リテラシーとなる。

本展示は、日常空間と情報世界の新しい結びつき方を提示する。また、そうした環境で情報を共有する意義について、自分の立場で考えられる視点を提供するものである。

2.1.5　初期の展示プラン

展示プラン策定においてまず考えるべきは、「来館者の幅広い期待に答えられる展示」である。ここでは、来館者の主な来館動機を、「先端の科学技術への興味」「社会や生活と関連した理解」「楽しい体験」の3つに設定した。それぞれの動機に対応できる展示構成や手法を用いることで、多くの来館者にとって満足度の高い展示となることを目指す。この考え方に基づいて作成したのが次のマップである（**図2.5**。「後日談」も参照）。

来館動機	想定される顧客像（参考）	科学コミュニケーションの狙い	評価軸	対応する手法	各ゾーンの基本構成の考え方
A 先端の科学が見たい！	理系リタイア層 退職技術者等／理系の若者・カップル・理系学生／ファミリー・理科好きの小学生／友の会会員／未来館リピーター	●**先端科学への欲求を充たし、深める** 専門や興味のあるジャンルに限らない知見・視点の広がりから、科学的思考を展開・深化させる	●**継続的な量的評価** 一体験以後の対象者における行動、思考等の変化をトラッキング	●更新性の高い展示 最新の科学事例を提供する／浸透要素事例的なものをバランスよく、一望的に配置する	先端事例について、具体的で先実した情報量をもつ展示物を、情報の更新性を確保した展示手法で実現する。
B 社会や生活が気になる！	知的好奇心旺盛な大人／一般の若者（科学は好きでも嫌いでもない）・ちょっと教育意向の親（どうせなら遊びながら学べたら…）／安心安全マ・マ（こどもに悪いもの・情報はないか安全？安心？）	●**科学的視点の習得・理解** 社会や日常生活と科学との接点から興味を促し、科学的な思考力、洞察力、判断力に基づく手応え感を提示	●**質的評価** ●**満足度** （※満足感対象を明確に設定することが前提）	●自己実現型展示 「分かった／できた」という成功体験による繰り返しを促し、理解に導く	ゾーンや各テーマ型展示など、試行錯誤や体験を通して理解を得たり、能動的な体験型展示物を充実させる。
C 楽しい体験がしたい！	一般の大人（科学無関心／科学アレルギー）／一般の中高生・学校団体初等・幼児／未来館に縁のない人（企画展目当てで来た人）・一般の小中学生：ファンブル	●**直観的理解** 人々の日常生活に関わる科学的に重要な事項に関する直観的な理解 ●**感動** キレイ・スゴイ・カッコイイ・面白い	●**体験前後の量的評価** 一体験による：興味喚起・内容理解等	●受動的体験型展示 一見して分かるビジュアルや環境型体験展示	ゾーンを印象付け、すべて展示物化して、楽しい体験や驚きを重視し、楽しむだけでも重要なコンセプトが感覚的に伝わる展示手法を持った展示物を設ける。

図2.5 来館者層の設定

具体的には、

A　先端の科学が見たい！　という層を「社会に実装するための課題を理解し、科学技術的な進展を連続的に追いかける」人たちと定義し、彼らに対しては、更新性の高い展示を提供する。

B　社会や生活が気になる！　層を「情報共有のメリットとリスクを理解し、自らの意思で選択する行動につなげる」人たちと定義、すなわちメインターゲットである。彼らには「理解・体験型展示」を提供する。

C　楽しい体験がしたい！　層を「日常空間と情報世界のつながりを、遊びの中で体感する」人とたちと定義し、彼らには「直感・体感型展示」を提供する。

これらのすべての要件をひとつの展示の中に納めるべく、展示プランを考案した。

　最初に考案したのが「つながりプラン」である（**図2.6**）。展示空間の中に入ると、レーザーセンサと画像認識により行動が常に追跡されており、蓄積した過去の来館者の情報を元に情報やサービスを生成し提供する。体験者は入り口で配られる「電脳メガネ」を通してコンテンツを可視化する（メガネをかけないと中で起こっていることが理解できない）というものである。センサ類を使った移動追跡や行動認識、意図理解といった技術は、まさに本物の「空間情報科学」である。

　A層に対しては、関連研究の最前線についての具体的なトピックスを、入り口付近の展示解説端末で提供する。B層に対しては、周辺部のテーブルにて、空間情報科学を活用した実社会支援アプリケーションの事例を、ゲーム形式コンテンツとして提供する。C層に対しては、中央のスペースにて体を使って楽しむゲームを提供する。例えば、人の立ち位置によって地面が傾く感覚が得られ、みんなで動きながらバランスを保ち続けるゲームなど。ただし、このプランは、楽しさに欠けるという点でボツになった。

　次に立てたプランが「精霊プラン」である（**図2.7**）。先のプランに比べてよりコンセプチュアルな展示を目指し、情報空間世界を具現化した展示空間とした。空間に入るとまず自分の分身（情報世界の私）に出会う（**図2.8**）。分身に導かれて、自分の情報を提供しながらこの世界を探索するというも

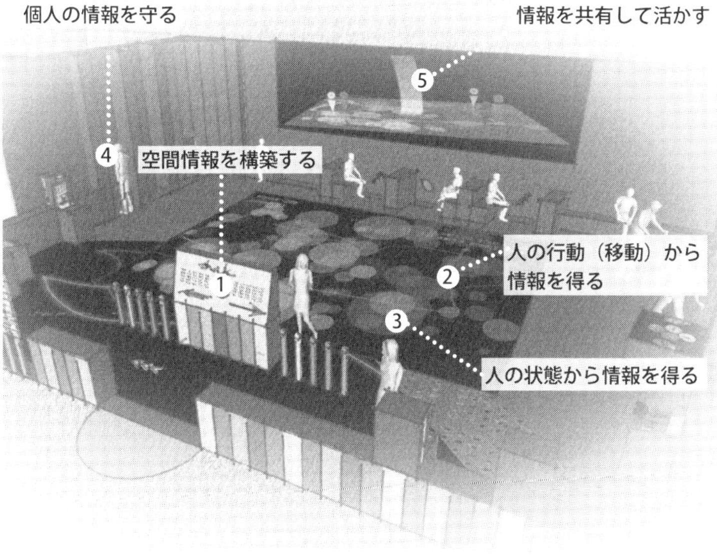

個人の情報を守る　　　　　　　　　　　　　　　情報を共有して活かす

図2.6　つながりプラン

の。5つの精霊との出会いや、広場での体験を通して、自分自身の情報に価値があることや、情報環境が自分や周りの人たちを見守り、支えてくれることを実感する。なおこの段階では、レーザーセンサのみで移動追跡を行うこととしていた。

- A層に対して：この展示の中では、関連研究トピックスを「精霊」化しているため、展示メインコンテンツの中で違和感なく技術解説を行うことが出来る。技術解説は更新可能とする。

- B層に対して：この展示の中では、個人情報と引き換えに様々な力を与えてくれるなど、個人情報を資源として扱う。一方で個人情報が漏れるリスクと保護する技術も提示する。これにより展示体験後も実生活において自分の持つ情報を意識し、自分と社会にどう生かしていくか考えるようになることができる。

- C層に対して：自分の分身が足下に現れ、いつもついてくるのは、シンプルに楽しい。

このプランは、空間情報科学の哲学がうまく体現されているという評価を得て、これ以降の展示設計のベースとなった。

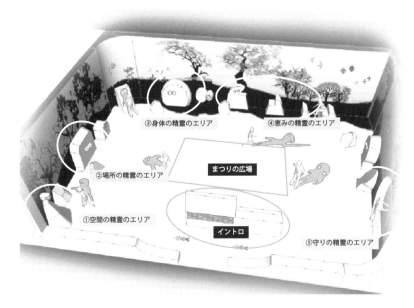

図2.7 精霊プラン

図2.8 自分の分身との出会い

2.1.6 立ち上げから完成までの全体的な流れ

展示開発のフローを示す(図2.9)。ここまでは企画(基本構想)から基本計画までの流れを解説した。以降の流れについては引き続き次の2.2節を参照されたい。

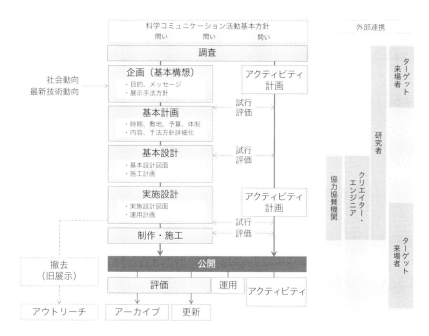

図2.9 展示開発フロー

2.2 展示手法上の特色(島田卓也)

本節では、未来館での展示制作に特有の難しさを読者と共有した上で、それらを『アナグラのうた』でどのように解決しようとしたのかを、多職種・多業種の協業の観点も含めて述べる。

まず2.2.1節では、筆者が考える未来館での展示制作特有の難しさを共有し、2.2.2節でゲーム製作者との協業によって、それまでの企画とどのように変わったのかを説明する。続く2.2.3節では、第2部以降で分析の対象となるラウンドテーブル(RT)の参加者を中心に、さまざまな業種、職種からなる制作体制とそれぞれの役割について紹介する。

2.2.1 未来館における展示開発の課題

　未来館が展示で扱うのは、科学・技術分野の先端的な研究の現場で生まれている新たな発見や知見、技術や応用などである。これらは、近い将来に私たちの生活や社会を具体的に変化させ、現在や将来の行動や判断のよりどころとなる世界観を更新する可能性を持っている。こうした研究活動や成果が、私たちにとってどんな意味を持ち、何をもたらすのかに関心を持ってもらうこと、そして、それぞれの立場で考え、議論できるようになることは、すべての人々にとって意義のあることではないだろうか。未来館では、これを「先端の科学技術」と表現し、すべての人が共有できる文化として広めるべく、さまざまな活動（科学コミュニケーション活動）を行っている。常設展示はその活動形態のひとつである。

　展示物をどのように作るか、という点では、未来館は他の科学館や科学技術系博物館とは異なる難しさを抱えている。

　展示の最も基本的な方法は実物を展示することだが、先端の科学技術においては実物展示に頼りにくい事情がある。それは、実物と言えるものが、ひとつしか存在しない現役の実験装置であったり、遠く離れた探査機であったり、大型の研究施設であったり、逆に目に見えないくらい小さなものであったり、展示するには危険な物質であったりするためだ。しかし何より根本的には、未来館が展示を通して伝えたい内容や展示の役割が、科学技術によって受ける恩恵や影響を懸念も含めて示すことで、考えや対話を引き出し、さらには行動や判断に結びつけることにあるからである。したがって、仮に実物が展示できたとしても、大事な部分は（実物とは別に）言葉などの他の方法を使わなければなかなか伝わらず、実物はそれに実感を与えるため、あるいは関心を引き出すきっかけ以上の役割を持たせにくいのである。

　また、多くの科学館で使われる体験型展示（ハンズオン展示）も、先端の科学技術の展示手法としては容易ではない。体験型展示とは、物体の運動や光や音の性質といった現象を、子供たちが実際に手を使って動かしたり組み合わせたりすることで引き起こし、驚きをもって体感させ印象に残すことができる展示手法である。そこで見られる現象にウソやごまかしはないので、「現象としての実物」を示す実物展示と言えるかもしれない。この手

法は、科学的な原理原則の理解や現象の観察といった理科学習の支援を主目的とした科学館では人気があり、有効な展示手法と考えられている。しかし、「先端の科学技術」を扱う場合、展示施設という制約の多い環境の中で安全に再現させることが困難なことが多く、再現できたとしても、それを理解するために前提知識が必要となることも多い。さらに、その現象が私たちにとってどんな意味を持つのかを伝えたいとすれば、体験型展示だけではそれを解決する手法になりえないことは、実物展示の場合と同様である。

　一方、未来館の展示フロアには、来館者との対話を役割とする科学コミュニケーターと呼ばれるスタッフがいる (坊農他、2013; 城他、2015)。個々の来館者の関心や知識に応じて対話の内容を柔軟に変化させ、思考や議論を引き出すことができる科学コミュニケーターは、未来館の展示活動に欠かせない存在となっている。科学コミュニケーターの視点から見れば、常設展示物は来館者と対話するための環境にすぎない、と考えることもできる。この見方によれば、コミュニケーターにとって有効な対話が行える環境とはどんなものか、と考えることが課題解決のヒントになるのかもしれない。

　高精細な映像や双方向的なメディアを通して世界中の情報にアクセスできるようになった今日、ミュージアムという施設にあえて足を運んで頂く来館者に対して常設展示は何が提供できるのだろうか。また、ミュージアムという制約された施設で「先端の科学技術」はどう展示できるのか。これらは、未来館での展示制作において考え続けている課題である。

2.2.2 『アナグラのうた』の展示手法とコラボレーション

　未来館では、従来的な展示手法にこだわることなく、テーマの特性や展示目的に応じた手法をゼロから考えられるように、多彩な専門分野からなる理工系スタッフとクリエーティブ経験者が協業して企画開発を行うスタイルをとっている。また、外部とのコラボレーションを積極的に行い、常に新しい手法を探りながら企画制作を行ってきた。そうした外部のコラボレーターとして、『アナグラのうた』の制作ではゲームクリエーターが参加し、コンテンツの内容表現そのものに強力にコミットした。それでは、ゲー

ムクリエーターが参加することで、展示にどのような変化があったのか？まずは、参加する前の展示プランから見てみたい。

シチュエーション型展示と「つながりプラン」

　2.1節で述べたように、『アナグラのうた』は空間情報科学によってもたらされる社会の変化や、個々人の情報がテーマとなっている。もちろん、実物を示して説明すれば済むような単純な話でもなく、誰もが知っているような変化が実際に起きているわけでもない中で、個人個人がこれから訪れる社会の変化について実感を持って感じとり、準備できるように工夫する必要があった。

　そこで、〈実際に空間情報科学が社会に実装された状態を展示空間全体で再現し、その空間内で来館者が行なったり感じたりするすべての体験が、展示コンテンツとして意味を持つようにする〉、という手法上の設計方針を立て、これを「シチュエーション型展示」と呼ぶことにした。来館者が置かれた「状況」自体を展示コンテンツとする、という意味の造語である。来館者と相互作用して変化する展示物や展示空間だけでなく、来館者自身も展示の一部となっている。そうすることで、来館者の体験をより主体的にし、実際の経験のように深く記憶に定着させることを狙った。

　この設計方針に基づいた初期の基本設計案が、2.1節で説明した「つながりプラン」である。展示空間全体を柵のようなもので囲い、「情報空間の中の自分が可視化されて、実空間の自分と相互作用する環境」と位置付けた。それを実現するために、空間全体を映像化できるたくさんのプロジェクターと、来館者の位置をリアルタイムに追跡できるセンサを備え付け、中にある展示物の体験が位置情報によって個人と紐付けて記録され、その履歴が各展示物の体験と密接に関係するように設計された。

　このプランが却下されたのは2.1節で述べられた通りだが、「シチュエーション型展示」を実現するための基本的な仕掛けと考え方（人を追跡するセンサと、情報を映像として空間全体を使って来館者に返すこと、個人と紐付いた展示物の体験履歴を生かすこと）は、その後再検討された「精霊プラン」や、完成した『アナグラのうた』に至るまで、一貫して企画の基礎となっている。

展示体験の流れを再設計する

　却下された時の指摘は「何ができるのか分からない。面白そうでない。」というものだった。みもふたもない指摘だが、確かに「つながりプラン」では、それぞれの展示物がバラバラで、アラカルト的構成になっていたため、全体としては何の展示なのかよく分からない状態だった（今から思えば、これは本当にありがたい指摘だった）。来館者がこの展示に気付くところから、それを体験し、出て行くまで、「何に動機付けられ、何に満足して出て行くのか？」という、来館者の気持ちの動きも含めて考えた一貫したストーリーが必要なのだと感じた。

　そこで筆者らは、それぞれ単体で完結していた展示構成を見直し、体験全体が一連の流れを持つように組み直した。まず、入り口では自分の情報を1つ提供する。自分の情報が共有される空間に入る通過儀礼である。中に入ると、自分自身が更に情報を生み出し、それが共有されて自分にも他の来館者にも恩恵が得られる環境を作る。空間を出るときには、自身の情報を場に残すかの選択を迫ることで、展示体験を振り返り、印象に残すようにした。また、「つながりプラン」では解説的に扱われていた5つの技術（空間情報の構築、人の移動情報、人の生体情報、情報の共有と活用、個人情報の保護）を中心とした内容構成にあらためた（図2.10）。

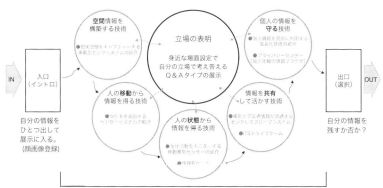

図2.10　「つながりと選択（仮）」展示構成

これで、全体で1つの体験の流れを作ることができた。しかし、まだ来館者への動機付けの部分は不十分だった。この展示が提供する一連の体験を動機付ける、明快なストーリーが必要だった。

ゲーム作家からのアドバイス

そこで筆者らは、展示にストーリーを与えるためのヒントを求めて、デジタルゲームの開発者に相談してみることにした。

デジタルゲームの開発者たちは、インタラクティブコンテンツの開発、ビジュアルやサウンドの表現など、展示コンテンツの制作と共通するノウハウを持っている。加えて、ストーリーや世界観など、今回の展示に求められている要素がしっかりと組み合わされて作られていて、それが多くの人々に親しまれ、楽しまれ、文化として成功をおさめているのだ。これまでゲーム作家と本格的にコラボレーションしてこなかったのは、今から思えば不思議なことだと思う。

ちょうどその少し前、文化庁メディア芸術祭の授賞式典の会場で、ひとりのゲーム作家と出会っていた。その年の審査員推薦作品『ディシプリン＊帝国の誕生』の作者の飯田和敏氏で、私が信頼を寄せるあるアートディレクターの紹介だった。氏は『アクアノートの休日』というゲームを90年代に発表していた。これは、海中を自由に探索してすごすだけの、決められたゴールを持たない異色の（型破りな）作品として、ゲームをしない私でも記憶に残っている作品だった。

当時はまだ私自身ゲームに対して半信半疑で、「ゲームを作りたいわけじゃないのだけど…」という気持もあったが、紹介してくれた方への信頼と、『アクアノート』の作風から、この人なら展示の悩みも共有してもらえるのではないか、という漠然とした期待感があり、飯田氏に相談を持ちかけることにした。

飯田氏からもらったアドバイスでもっとも重く堪えたのは「展示の内容と、展示の世界観が一致していない」という指摘だった。我々としては、内容とは先端の科学技術そのもので、それを「常設展示」というスタイルで形にする仕事をしているので、そこを指摘されても、と思った。でも、「シチュエーション型展示」を目指すのであれば、確かにそこから考え直す必要が

あるのかもしれない(結果として、この指摘は展示の随所で「これは展示ではなく、何かの物語だ」と見えるデザインを意識させることになり、『アナグラのうた～消えた博士と残された装置』という、当時流行りのファンタジー小説にも似た展示タイトルにまで至っている)。

また、「例えば展示物が生きていて、しゃべり出してもいいのでは」というアイデアももらった。正直なところ、ポカン、という感じだったが、その直後、「空間情報科学が具現化された異世界で5つの精霊と出会う」というストーリーが頭をよぎった。さらに数秒後、それが確信に変わった。一緒にいた企画メンバーも同じことを考えていた感触があった。

「精霊プラン」から「アナグラ」へ

帰りの道すがら、すぐにメンバーとストーリーを確認し合い、その後のゴールデンウィークをすべて使って練り上げたのが以下の「精霊プラン」である(図2.11)。

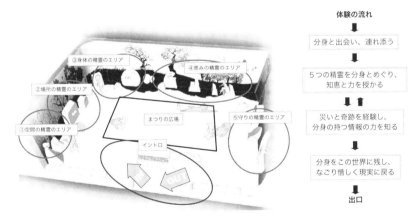

図2.11　空間構成と世界観

2010年5月の連休明け、このプランは館内で承認され、飯田氏には演出家として正式にプロジェクトに参加してもらうことになった。

飯田氏らと検討を進める中で、この世界（＝展示空間）は何なのか、なぜその世界ができたのか、その世界で起こることは何なのか、といった背景となるストーリーが時間をかけて議論された。情報社会の脆弱性や不安、空間情報科学の必要性や懸念など、内容に相当踏み込んだ議論も行われた。

ストーリーの中では、情報の断絶（情報社会の何らかの失敗）によって人類は滅びてしまうのだが、そのときに生き残った数人の研究者たちがシェルターとして使っていたのがこの「アナグラ」である。『アナグラのうた』という展示は、「アナグラ」で研究者たちが生きていた頃から1000年経過した未来の姿を描いている。実は「アナグラ」のあった場所は未来館だった、という設定も置かれていて、「未来館に展示を見に来る」という来館者の行為が、そのままストーリーの中にも組み込まれているのが面白い（そのことは明示的には語られていないが、空間にときおり現れる映像がお台場からの景色になっていたりする）。

こうしてできた「アナグラ」のストーリーと世界観をもとに、発注仕様となる基本設計の整備が進められた。右は、それまでに企画されてきた展示の主要な要素が、ストーリーの中でどういう役割を持つのかを、プロジェクトの中で整理した資料の一部である。

制作段階では、空間や什器のデザイン、グラフィックやインタラクションの設計、テキスト、音楽、プログラムの開発などが、それぞれ異なる分野の専門家たちによって同時並行で進められてゆくのだが、そこで求められるものは、展示的効果や、安定して稼働すること、安全性や堅牢性など、担当する分野によって若干異なってくる。それらが、最終的に同じゴールを目指して進むために、基本となるストーリーや世界観がしっかりと作られていたことは大いに役立っていた（「後日談」も参照）。

2.2.3　制作体制と役割

展示物の制作にはさまざまな職種の人たちが関与する。その中で、館側のスタッフとしての筆者の役割は、制作業務を円滑に進行させ、完成した展示物の効果と、運用や維持管理の観点から、制作の過程で生じるさまざまな課題を発見し判断することであった。特に、空間デザインやコンテンツ開発を行う制作施工業務と、来館者の位置情報を取得する「人物捕捉追

ストーリーの中での各展示物の関係（整理）

　人類が破滅した時，一部の研究者が逃れて研究を続けた場所が「**アナグラ**」．ここで，人類再生に向けた方策を探り，研究開発を続けていた．研究の過程で彼らが発見した映像資料が「**解説映像**」．研究者たちは，これらの映像を見て破滅に至った原因と解決策に近づいてゆく．その結果，研究者達が見出した重要なポイントが**空間計測，移動情報，身体情報，情報保護，共有活用の5項目**．それらの実験装置（何の実験？　働きの検証？　発現方法の開発？）として作られたのが5つの「**残された装置**」．5つの装置での実験は一通りの成功を納めたので，それらが統合された実用に近い道具の設計も進めていた．その時に，設計の検討や案の絞り込みに使われたコミュニケーションツール（意志決定装置）が「**つながりの設計図**」．しかし，有力候補を5つに絞り込んだ時点で，最後まで開発されることなく研究者たちはいなくなってしまう．

　時は流れ，アナグラに残された5つの装置はまだ稼働し続けていた．エネルギー源は装置が集めた情報そのもの．情報は，「**Me（ミー）**」という目に見える姿をまとってアナグラに生息している．装置の方も，生物のような不思議な進化を遂げていて，まるでそれを作った研究者になり変わったように（研究者の情念が装置に宿ったのか，装置が研究者への追慕の念を持ったのか），操作する人に語りかける（しかしどこか狂っている）．

　印象として，このアナグラは生きている．5つの装置が心臓として働き，情報（ミー）を血流として，アナグラ全体を生かしている．ミーの総体である「**US（アス）**」は，このアナグラの命そのものであり，アスの根底にあるのは「もっとみんなの情報が欲しい」「それで人類を救いたい」という切なる祈り．だから，新しい情報**（来館者のミー）**が流入しないことには，永遠にこのままの状態が続き，人類の再生は望めない．

　かくして，来館者はこの時代のアナグラにやってくる．

跡システム」の開発業務で，**発注契約**が2社に分かれていたため，それぞれの業務の境界を明確にして調整をはかりながら，最終的に1つの展示物として完成させる必要があった。

　そのため，プロジェクトの定例会議は，両社から各業務の担当者が参加して課題や検討事項を持ち寄り，それぞれの立場からフラットに議論できる形式で行われた。「ラウンドテーブル（RT）」と呼ばれたこの定例会議は，結果として目標とする完成イメージを全体で共有しつつ，それぞれの制作・開発業務にフィードバックさせることができたのではないかと考える。

この「ラウンドテーブル」は、本書の第2部以降の分析の対象となった主要な場面である。そこにはどのような職種の人々がどのような立場で参加していたのか、主な参加者を紹介したい。なお、第2部以降での事例分析に合わせて、これらの人名は本章執筆者の小澤と島田、演出家の飯田も含め、すべて仮名としている。

演出家：

　飯田（仮名は石田）は基本設計の際にアドバイスを求めたゲーム作家である。背景となるストーリーと世界観をスーパーバイズする演出家として、制作段階でもプロジェクトへの参加を要請された。

制作進行：

　笹島は制作施工業務の受注会社に勤務する経験豊富なプロジェクトマネージャーであり、制作施工業務全体の進行管理を担った。ラウンドテーブルの進行も笹島によって行われた。

製作施工管理：

　梨元は笹島と同じ会社に所属する製作施工管理者である。木工や金物、造形、建具などの専門職人を指揮し、工程とコストを管理しながら、最終的に展示フロアに設置施工されるすべての造作物について製造から施工までを確実に完了させる役割を担っていた。

デジタルコンテンツ開発：

　『アナグラのうた』のデジタルコンテンツは、30台のコンピューターと24台のプロジェクターからなる巨大なシステムある。アニメーション、グラフィック、サウンドといった表現要素だけでなく、それらを連携させる制御システムやデータベースを含む、技術的にも表現的にも展示の要となるパートだった。向井は身体を用いたデジタルゲームを得意とするゲームクリエーターであり、『アナグラのうた』のコンテンツディレクターとしてデジタルコンテンツ全体の開発・制作を統括した。田澤は向井のアシスタントとして、コンテンツ制作チームのプロジェクトマネージメントを行った。

空間デザイン：

　空間や造形物はデジタルコンテンツと一体となって『アナグラのうた』の物語や世界を構成する。空間的意匠であると同時に映像が投影されるスクリーンでもあり、物語に登場する"装置"の造形部分でもあり、また来館者を追跡するセンサが仕込まれる技術部品としての側面も持つ。そのため、コンテンツ表現とセンサ技術の両方から細かな要請が集中するパートであった。

　小室は建築家であり、制作施工チームのメンバーとして空間や造形物のデザインを担当した。**山内**は小室と同じ建築設計事務所に所属するスタッフである。

　インテリアデザイナーの**坂東**は、制作施工チームの中で、空間デザインとデジタル表現の両方の言語を理解し、両者を橋渡しする役割を担っていた（「後日談」も参照）。

人物捕捉追跡システム開発：

　『アナグラのうた』のデジタルコンテンツは、人物捕捉追跡システムから送られる来館者の位置情報を元に動作するため、処理の上流を担う極めて重要なパートである。このシステムの特性は下流の処理であるコンテンツ表現の挙動に敏感に現れるため、追跡の途切れや誤認識が少ない、といった基本性能だけでなく、表現に影響する特性にまで気を配って開発が進められた。

　有沢は人物捕捉追跡システム開発の受注会社のプロジェクトマネージャーである。開発業務の初期段階から『アナグラのうた』の目標イメージを共有し、開発業務全体を監督した。**赤木**は人物捕捉追跡技術を詳細に把握するエンジニアであり、この開発プロジェクトの推進責任者である。

未来館スタッフ：

　2.1節の執筆者である**小澤**（仮名は大沢）は、『アナグラのうた』の内容面を統括した調査企画スタッフである。展示テーマとして空間情報科学を設定し、コンセプトの立案を行った。研究者や監修者のカウンターパートを一貫して担い、制作段階では執筆や内容のディレクションも行った。

　2.2節の執筆者である**島田**（仮名は山田）は、『アナグラのうた』の展示表現

や手法を統括した企画制作スタッフである。手法的方針として「シチュエーション型展示」を設定し、基本設計の作成を行った。制作段階では、制作会社に対する館側のカウンターパートとして制作推進を担った。

平泉は島田と同じく展示表現や手法を担当する企画制作スタッフであり、特に空間設計やグラフィックデザインを中心として制作推進を担った。

田口は『アナグラのうた』の企画設計チームの一員であり、人物追跡技術の担当者である。計画段階から技術的な調査検討を行い、発注仕様を策定した。制作段階では人物捕捉追跡システム開発受注者に対する館側のカウンターパートであった。また、館側の施工管理担当者として、館の建築設備や安全に関する技術的な調整や監督も担当した。

以上、後に続く分析章を読み解く参考として「ラウンドテーブル」の出席者を中心に紹介するにとどめたが、主要な役割を担って頂いた方は他にもたくさんいることを付記し、あらためて感謝したい。

column 1 「研究プロジェクト」としての側面

　本書の調査は、科学技術振興機構戦略的創造研究推進事業さきがけ「多人数イ
ンタラクション理解のための会話分析手法の開発」（2009年10月〜2013年3月）の
助成を受けて行われた。研究領域「情報環境と人」の研究総括の石田亨先生にま
ず感謝申し上げる。

　当時私自身は、主に情報系の研究教育機関に所属し、「多人数インタラクショ
ン」（第4章）の研究に取り組んでいた。既存の情報学のアプローチでは、音声認識
や言語理解、画像処理などの要素技術の精度向上がまずは優先されるため、分析
対象となる「コーパス」をさまざまな高性能のセンサ類を設置した実験室環境で
収録し、収録したデータを定量的に解析することが主流となっている。そのた
め、「コーパス」と呼ばれる会話に参加するのは実験者によって募集されて集まっ
た「被験者」であることが基本となる。もちろん、こうしたアプローチによって初
めて解明される現象も多くあるものの、その一方で、実社会における会話の場合
とは異なり、こうした「被験者」には会話に参加する動機が乏しく、その意味で
「自然」で「自発的」な会話のデータとは言い難い面もある。そこで、せっかく（私
にとっては）法外な規模の研究費が「当たった」のだから、良い子になるのはやめ、
このプロジェクトでは実験者によって収集された「コーパス」を用いることを自
らに禁じ、「たとえデータ収録が行われなかったとしても、会話参与者自身によっ
て同様に行われたはずの会話」だけを対象としたフィールド調査を行うことにし
た。この機会を逃せば、今後こうした試みを大規模に行えることはないかもしれ
ないという予感もあった。まあ、そのこともあり、プロジェクト期間中に半年に
一度開催された領域会議での報告の際には、アドバイザの先生方から毎回のよう
に芳しくない評価の言葉をいただき続けることになるわけだが。

　さて、2010年6月に開催された第2回の領域会議において半ば偶然的に転機が
訪れる。日本科学未来館の小澤淳氏（本書2.2節著者）が、未来館での情報分野での
展示へのコンテンツの提供・提案をさきがけメンバーの研究者に呼びかけるため
に、そのプレゼンに来たのだ。もちろん、小澤氏の目的はそれぞれの研究テーマ
を展示のコンテンツとして提供する「研究者」を勧誘することであり、その意味
では私自身もこうして勧誘される側の研究者の候補の1人であったことになる
が、そのプレゼンを聞きながら、私の頭の中でちょうど90度ぐらい視点が転換し

た。「これから展示を作るということは、その過程でのスタッフなどによるミーティングなどの活動の調査もできるかもしれない」。というわけで、プレゼンの場では展示の候補には立候補しなかった私は、小澤氏を帰り際に呼び止めて、こうした調査をしたい旨を伝えた。そのとき口頭で説明した内容は最早覚えていないが、直後に小澤氏に送った最初のメールには次のように書かれていた。このメールのこともすっかり忘れていたのだが、改めて読み返してみて、結果として本書にまとめられた内容はこの文面とそれほど大きく外れていないようで安心した。

ミーティングの分析を通じて解明したい点は、次のような点です。
・ミーティングの中で、どのような行動を通じて合意形成などがなされるか？
・過去のミーティングの内容が以降のミーティングにどのようにつながっていくか？
・一連のミーティングの中で、参与者の役割がどのように変化し、各参与者が広義での情報機器（PCなどだけでなく、紙の資料なども含む）をどのように使用しているか？

こうした小澤氏とのやりとりの中から、小澤氏がまさにそのとき中心的に取り組んでいた『アナグラのうた』の制作活動が調査対象として選ばれることになり、正式には、未来館との間で「調査・研究活動実施協力確認書」という覚書を交わして調査を開始した。そこでの「実施内容」として挙げられていたのは、「日本科学未来館において、①展示の定性的評価、②グループミーティングにおける合意形成の分析、の2つの調査を同時並行的に行い、両分析を統合することによって、展示活動とミーティング活動の双方について、その方法や評価法に関する新たな知見をもたらす」という点であった（このうちの①については、私自身の力不足で今日に至るまで成果は上げられていないが）。今回の調査が実現する上では、未来館の側に、さまざまな分野の多様な目的の研究者との間での共同研究に関する枠組みと経験があったことが大きかった。改めて感謝したい。

　とはいえ、こうした半ば偶然に訪れた契機についても、これがより具体的にどのように進展していくかという点では、結局は私自身がそれ以前から潜在的に持っていたと思われる問題関心が原動力となっていた面が大きい。長年眠っていた種子があるとき目覚めて発芽していくように（column3も参照）。ある意味では、

本書はこうした偶然をどのように「必然」に変えていくかという試みであったとも、事後的には言えるかもしれない。

ところで、「たとえデータ収録が行われなかったとしても、会話参与者自身によって同様に行われたはずの会話」だけを対象としたフィールド調査には、高額の最新実験装置などは要らない。また、この機会に、国際会議などに行きまくってアピールしようというような野心もあまりなかった。というか、この手の調査で分かりやすくアピールできる成果がすぐに得られるなどということはそもそも期待すべきでない。だとすると、研究費は何に使われたかというと、その大半は、フィールド調査のための自身の旅費（当時は本書の「アナグラ」チームの調査以外にも、平行して東京でもう1つ別の調査も行っていた）、ビデオ撮影を代理でお願いしていた映像制作会社らくだスタジオ（column5参照）への支払い、200時間を越える膨大な量のデータのテープ起こし（Tips2参照）、データ整理と分析補助のための人件費（ビデオ再生ツール「再生くん」（Tips2）開発のための人件費も含む）であった。これらは「先行投資」しておけば、研究のための資源として長年にわたって利用できる可能性もあるものである。プロジェクトの期間は3年半だったが、正直に告白すれば、私自身はこの期間のみでこの研究を終えるつもりは必ずしもなかった。研究の世界の中には、常に最新の動向を追いながら短いサイクルで成果を上げていくことを求められる分野がある一方で、短期集中型のやり方にはそぐわないものもあると考えられる。後者のタイプの研究には、複数回の期限付きのプロジェクトの継続を通じて、どのようにより長期的な研究課題に取り組んでいくかという点での工夫も必要になるというのが昨今の状況だろう。

3

『アナグラのうた』の基礎知識

　第2章では、『アナグラのうた』制作スタッフのお二人に、最初の構想段階から製作業者による実施設計・製作施工フェーズの開始までの流れについて振り返っていただいた。第2部以降の分析では、この製作施工フェーズにおける関係者のインタラクションについてより詳細に分析していくことになるが、このようなプロセスを経て完成した『アナグラのうた』は世の中に類似のものを見つけるのが難しい斬新なものであるため、そのメカニズムも複雑である。そこで、この第3章では、『アナグラのうた』の持つ特徴について、特に第2部以降のインタラクション分析をより深く理解するのに必要となるであろう項目を中心にピックアップして紹介しておきたい。また、完成した展示についてだけでなく、展示制作の時系列的な流れについて俯瞰的に整理することによって、分析対象となる事例やエピソードの位置づけも確認できるようにした。第2部以降に登場する「☞の付いている」語句については本第3章に解説があるので、随時参照していただきたい。

3.1　『アナグラのうた』の概要

　『アナグラのうた〜消えた博士と残された装置』は日本科学未来館（以降適宜「未来館」と略す）の常設展示である[1]。これは、さまざまな事物の位置・

領域とその性質に関する情報を管理、分析し、応用する学問領域である「空間情報科学」をモチーフとした展示であり（2.1節）、150平方メートルの空間内にさまざまな「装置」や解説端末などを配置し、入場者がそれらを自由に体験できるようになっている（口絵a）。

　この展示は「シチュエーション型展示」（2.2節）であり、空間情報科学の技術をゲーム制作の思想と技術を用いて実装することによって、これが日常生活内に浸透しつつあることを入場者が分かりやすく体感できるようにすることが目指されている。

　調査者の視点からは、この展示には大きく2つの特色があると考えられる。

特色1.「物語」という設定

　物語の基本的な設定は、「アナグラ」はかつて「空間情報科学」の研究が行われていた場所であり、このアナグラで博士たちは21世紀初頭の空間情報科学を参考に5つの重要な技術（その内容が5つの「博士の机」で再生される解説映像[2]）を発見し、2011年に5つの実験装置をつくりあげた、しかし、その後博士たちは消えてしまい、入場者が体験するのはその約1000年後の世界である、というものである（2.2.2節）。そのため、展示空間内には次の5つの**残された装置**とそれぞれについての**解説端末**が配置されている（**図3.1**。写真は第2部以降で登場するものなど一部のもののみ）。

装置名	「ストーリーの中での各展示物の関係」(2.2節)との対応
ナガメ	空間計測
イド	移動情報
イキトイキ	身体情報
シアワセ	共有活用
ワカラヌ	情報保護

① ログイン端末（旧名「出会い」）
来館者が入館チケットを差し入れるとIDが付与され、ミーが最初に表示される。【事例7.3】において段ボール模型でセンサ検証が行われていた箇所。

② 再ログイン端末（旧名「迷子センター」）
ミーのロストやハイジャックが起こった入場者はここでチケットを差し入れると再度ミーが表示される。しかし、この前で列ができると再度問題が生じることも。【事例5.9】【事例8.1&8.2】

③ 残された装置：ナガメ
空間情報基盤の構築を担う装置。上方の傘【事例5.11】と下方の端末の2つの部分から構成。

④ 残された装置：ワカラヌ
個人情報の保護を担う装置。展示空間内の中央にある最も大きな什器で、内部には空間センサやスピーカーなども埋め込まれている。【3.3節エピソード】

⑤ 残された装置：イド
移動情報の計測を担う装置。ボタンを押すと、その入場者の空間内での移動軌跡を展示空間全面に足型で表示（気づいた入場者はとても驚く）。

図3.1 『アナグラのうた』の平面図といくつかの装置

特色2. センシング・ゲーム制作の技術・手法の活用

　次に、物語世界での入場者の「体験」を生み出すのにセンシングやゲーム制作の技術・手法が用いられているという点か、ある意味ではこの展示の最も特徴的な点であろう（2.2節）。

これらの技術を用いることによって、入場者は概ね次のような流れでの体験をすることになる。まず、入場者は**ログイン端末**(旧名：**出会い**)で入場券を差し入れると**ID**を割り振られ、足下に**ミー**と呼ばれるアバターが映像として投影される(図3.2。口絵bも参照)。入場者の位置と移動は空間内の全域に配置された**人物補捉追跡センサ**によって捕捉されており、「ミー」は入場者が展示空間内を移動するのに伴って一緒に移動する。これらの映像は「コンテンツ」チーム(下記)によって作成されており、24台の**プロジェクター**を使って空間全体に投影されている。それぞれの「残された装置」では、入場者が情報の入力や選択などを行うことができ、その情報は履歴として蓄積されるとともに、場内に流れる各入場者ごとの**うた**(歌声合成技術によって生成される)の素材としても利用されている。

図3.2　ミー

しかし、高度な情報・映像技術を用いているがゆえに問題も生じる。入場者同士が接近しすぎると、人物追跡が正しく行えなくなることがあるのである。これには、ミーが当該の入場者自身のIDとの対応づけを失い消えてしまう**ロスト**や自分のミーが他の入場者のものと入れ替わってしまう**ハイジャック**などがある。こうした問題が生じると、足元のミーの表示が普通のものとは異なるデザインのものに変わるため、それに気づいた入場者は**再ログイン端末**(旧名：**迷子センター**)に行ってチケットを差し入れれば、自分のミーが再び正しく表示されるようになる。ただし、混雑時などに「再ログイン端末」に**行列**ができてしまうと、せっかく再表示されたミーが列の

後ろの入場者との間で再度ロストしてしまうといった厄介な問題も生じる（**図3.3**）。この問題は製作段階から懸念されていたものであり、**事例5.9**や**事例8.1**、**8.2**でもトピックになっている。

① 4人家族。父と娘はミーがロストしており、母が再ログインを指示しているらしい。

② 父と娘が再ログインに近づこうとすると、今度は母のミーがロスト。

③ 娘と息子が道を空け、父がなんとか再ログインに接近。

④ ようやく家族4人のミーが再会。

図3.3　再ログイン端末での待ち行列の問題
（入場者の許可を得て、分析用に天井に設置したカメラで撮影）

3.2　フィールド調査の概要

『アナグラのうた』は最初の素案作りが開始された2008年8月上旬から一般公開が開始された2011年8月下旬までの間の3年以上にわたり、基本構想、基本計画、基本設計、実施設計、製作施工という複数の段階（加藤他、2000）を経て制作された（**図2.9**）。しかし、残念ながら、本調査を開始した2010年10月の時点では既に基本設計フェーズまでが終了していた。

本調査では、メンバーによる実施設計フェーズ以降のミーティング活動を主な対象として、その様子をビデオデータとして収録し、これを微視的に分析するという手法がとられている。以下、どのような場面のビデオデータを収集したかを順に説明していこう（**表3.1**）。

表3.1　ビデオ収録対象の種類と概要

種類	開始日	終了日	回数	時間数
定例	2010/10/7	2012/3/9	63回	99時間
監修者・演出家	2010/10/16	2011/4/15	7回	14時間
ラウンドテーブル（RT）	2011/2/3	2011/8/19	29回	69時間
分科会	2011/2/8	2011/8/5	18回	35時間
現場	2011/2/3	2011/8/12	15回	20時間
その他	2011/2/3	2011/12/12	12回	25時間
計				262時間

　まず、2010年10月の調査開始から2011年2月の**実施設計・製作施工フェーズ**開始までの期間の主な調査・収録対象は「定例」と「監修者・演出家」という二種類のミーティングであった。**定例**は、『アナグラのうた』の開発を担当した未来館スタッフ内部での進捗報告や情報共有などのためのミーティングで、毎週1回2時間程度、未来館内のミーティングスペースで行われた。主な参加者は第2章の執筆者でもある小澤氏と島田氏の他、このチームの責任者であるプロジェクトマネージャー、下記のラウンドテーブルの主要メンバーでもある平泉と田口（2.2節も参照）、そのつどの議題に関連するフロア・運営スタッフなどの5〜10名程度である。本書の一連の調査においても、現在進行中の課題や今後のスケジュールなどを調査者が知るための重要な情報源であったが（column2参照）、本書の分析には用いていない。**監修者・演出家**は、展示の総合監修者の柴崎亮介氏（2.1節参照）や演出責任者の飯田和敏氏（2.2節）と未来館スタッフ小澤、島田、平泉らによる展示のコンセプトなどに関するミーティングである。未来館内だけでなく、柴崎氏や飯田氏の所属先を未来館スタッフが訪れて行われることも多かった。本書の調査を開始した2010年10月の時点では既に山は越していた感じだったことが悔やまれる。このミーティングについても、本書では**事例6.2**を除き分析には用いていない。

　2011年2月〜8月の製作施工フェーズにおいては、これらの2種類のミーティングに加え、製作関係者による多職種ミーティングである**ラウンドテーブル（RT）**が主な調査対象となった（2.2.3節も参照）。RTは当初は館内の一般的な打ち合わせスペースで行われていたが（**図3.4**）、開発用の部屋が確

保されて以降はこの開発スペース内のミーティングスペースで行われるようになった (図3.5)。

図3.4 初期のRTで使用されていた部屋 (第1回RT_110207より)
(スーツの出席者も多く、まだ堅い印象。)

図3.5 多くのRTの行われた部屋 (第20回RT_110701より)
(3月〜展示完成までのRTはこの部屋で行われた。
雑然とした配置であり、参加者の着席位置にも規則などはない。
この部屋の奥はコンテンツチームの開発用スペースであるため、背後の壁面ホワイトボードの全面にコンテンツチームによる開発時の議論が書き残されている。)

また、RTの前後の時間帯に一部のサブグループが行う**分科会**と現場での状況確認や開発・検証作業など (**現場**) も重要な収録対象となった。「現場」については、この期間は基本的にほぼ毎日のように常時何らかの作業が行われていたものの、調査・収録できたのは重要な区切りとなる作業の日 (次回の作業予定がRTの中でアナウンスされている場合もあれば、前日ぐらいまでに主に島田氏から調査者に急遽連絡していただいた場合もあった) やRTの日の前後の時間帯の作業などのごく一部に限られている。しかし、第3部で焦点とす

るように、現場でのインタラクションはメンバーが想像を共有するためのきわめて重要な機会となっている（高梨（2017a）も参照）。この製作施工期間の主な出来事と各時期の展示空間の様子、本書で分析対象とする事例の生起日などを**図3.6**の略年表にまとめた。第2部以降で主な分析対象とするのは基本的にこの実施設計・製作施工フェーズのデータである。それぞれ

【RTなどの流れと事例生起日】	【現場の様子の変化】
2011	
2月3日　製作チームキックオフ	
第1回RT_110207　【事例5.10】	
第2回RT_110218　【事例5.13】	 現場_110208：センサ検証 展示空間に最も物が少なかった時で（「後日談」も参照）、一般公開中のエリアとの間の**仮囲い**もまだない。 【事例8.1】【事例8.2】 （高梨（2017a）も参照）
第3回RT_110223　【事例5.3】	
第4回RT_110304　【事例6.1】	 現場_110302 仮囲いができ、内部の工事が開始されている。
第5回RT_110311　【事例5.4】	
3月11日　東日本大震災（作業中断）	
第6回RT_110325　【事例5.9】	 現場_110401 移動式パーティションを立てて、入口付近のレイアウトを再現。車椅子がプロローグ端末2を通れるかをみんなで確認。
第7回RT_110401　【事例5.5】	
第12回RT_110506 　【事例1.1】　【事例7.1】　【事例7.2】	 現場_110510：センサ検証 【事例1.2】【事例7.3】【事例8.3】 中央の段ボール模型がログイン端末、その背後の上方の突起物がナガメの傘。 【事例5.11】
5月20日　プレビュー会	
第16回RT_110603 　【事例5.1】　【事例5.8】	現場_110520：プレビュー会 RTには参加していない関係者などに現状の映像と音楽の状況を紹介。什器類はまだ段ボール模型のまま。中央の段ボール模型が再ログイン端末。【事例5.9】【事例8.1＆8.2】でたびたび問題になるエリア。
第19回RT_110624　【事例5.11】	 現場_110624 第19回RTの開始前。毎回のRTの開始前にメンバーが現場に集合し、その日の作業の進捗などを確認することになった（高梨（2017b）も参照）
第20回RT_110701　【事例5.12】	
第22回RT_110715　【事例5.6】	 現場_110701 RT開始前の現場見学。什器（中央のものはワカラヌ）が段ボールから正式の木製のものになっている。ただし、これらもすぐに再び仕上げのために撤去される予定。【3.3節エピソード】
7月20日　第1回試行会	
第23回RT_110722　【事例5.7】	 現場_110720 未来館友の会のメンバーの協力による試行会。 説明担当者はアナグラ制作チームメンバーではなく、未来館のフロアコミュニケーター。
7月30-31日　第2回試行会	
第25回RT_110805　【事例5.2】	
8月21日　一般公開開始	

（縦書き左側：実施設計・製作施工フェーズ（FTの期間））

図3.6　ラウンドテーブルの流れと現場の様子の変化
（例えば、「110207」は2011年2月7日を表す）

の事例が「現場がどのような状況にあった時期のものだったのか」という点にも興味を持っていただけたらうれしい。

なお、一般公開後の2011年8月末〜2012年3月末までは基本的に前記の「定例」のみの調査となった。その内容は公開された展示の運営状況や問題点、来館者の反応などの情報共有と協議であった。

フィールド調査とビデオデータ収録の多くは調査者自身で行った。ただし、調査者が調査に行けないときには、映像制作会社らくだスタジオのスタッフがビデオ収録を代行した（Tips1、column5も参照）。

3.3 製作施工チームの組織体制

2.2節でも紹介されているように、『アナグラのうた』の製作施工は大型商業施設などの空間設計・施工を行う企業を中心として、これに建築設計事務所、展示内の映像・音響コンテンツを手掛けるコンピュータゲーム開発企業、展示空間内での人物捕捉追跡を行う空間センサを担当する情報エンジニアリング企業などが加わった企業連合体によって担われた[3]。以降ではこれを大きく、**人物捕捉追跡システム（センサ）**、**デジタルコンテンツ**、**空間デザイン**、**製作施工**という職能の異なる4つのサブグループに区分して考える。受注業者決定直後の2011年2月3日に**キックオフミーティング**が開催され、製作に携わるこれらの全企業の主要メンバーと未来館の担当スタッフなどが一堂に会し、展示の趣旨説明や今後の製作工程の進め方などに関する説明と議論が行われた（図3.7）。

図3.7　キックオフミーティング

キックオフ以降は上記のセンサ、コンテンツ、空間デザイン、製作施工の4つのサブグループは基本的に分業で作業していくが、その一方で、独立並行的に進められない課題も多い。例えば、空間内に配置される「残された装置」や「博士の机」など（3.1節）（以下まとめて**造作物**もしくは**什器**）は入場者の動線に関わるだけでなく、センサシステムによる人物捕捉や床と壁面への映像コンテンツ投影の際の障害物ともなりうる（下記のエピソードも参照）。そこで、こうした問題に関する調整を行う目的で開催されるようになったのが前記の**ラウンドテーブル(RT)** である。RTは実施設計・製作施工フェーズの約7か月間、基本的に毎週開催され（計29回）、所要時間は毎回平均2時間程度であった。未来館担当者と各サブグループの実働メンバーなどの計10名程度が基本的にほぼ毎回出席し（2.2節、図3.8）、その週の進捗報告やスケジュール調整、そして、必要な時には協議が行われた。第1章でも予告したように、RTの持つこうした多職種ミーティングとしての特性が第2部の主要な関心の1つとなる。また、RTをいわば「実働部隊」のチームとして機能させていくための工夫については、「後日談」における島田氏の回想も参照していただきたい。

　なお、2.2節の「制作体制と役割」、第2部以降の事例のいずれにおいても

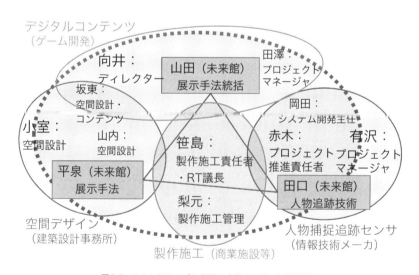

図3.8 ラウンドテーブル(RT)の主要メンバーと組織役割
（中心に近いメンバーほど高い頻度で出席・発言。
文字が大きいほど各企業・機関内での職階が高い。）

氏名はすべて仮名である（演出家の飯田氏、第2章執筆者の小澤氏と島田氏についても以降では仮名としている）。

　最後に、各サブグループの作業の間にどのような複雑な相互依存関係があるかが具体的に伝わりそうなエピソードを7月1日のRTから紹介しておこう（高梨、2013）。図3.1、図3.6、図3.8も参照しながら、読者の皆様にもぜひとも状況を想像してみていただきたい。

　7月1日のRTでは展示空間内に配置されていた製作途中の造作物の一時撤収のスケジュール案が施工責任者の笹島から示されたが、多くの参与者から相次いで疑問や驚きなどが表明され、議論が紛糾した[4]。その背景として、まず、上述のように、完成後の展示空間内において、これらの造作物は人物捕捉追跡センサや映像コンテンツの壁面・床面への投影のための障害物となるため、センサチームとコンテンツチームでは、各造作物の位置と形状を正確に計測しておく必要があり、そのため、これらの造作物は仮作成の状態のまま、この日までの一定期間は空間内に配置されていた。しかし、未来館友の会メンバーの協力による第1回試行会を7月20日に行うことが決定したことから（図3.6）、製作施工チームとしてはこれらの造作物をいよいよ一旦撤収して最後の塗装や仕上げのための工場作業をする必要があり、その最終期限が迫ってきていた。ところが、コンテンツチームの計測・調整作業はまだ終わっていなかったのである[5]。

　この状況を主にコンテンツチームの視点から整理するならば、造作物の撤収によって生じる大きな問題は次の(A)〜(C)の3点であったといえる。そして、この日のRTでの議論の結果、それぞれの問題点について次ページのような対処策が決定した（図3.1も参照）。

　これらの一連の問題は、最終決定した対処策をまとめるだけでもこのように複雑なのだが、これを協議する過程はさらに複雑であった。それは、議論が始まった時点では、そもそもどのサブグループにとってどのような問題があるかという点を誰も見通すことができていないからである。そのため、議論の特に前半では、あるメンバーがある懸念事項を表明すると別のメンバーからの対処策の提案がなされるが（第5章）、この対処策自体が今度は別のメンバーにとっての新たな懸念事項を生じさせる、ということがしばらくの間繰り返されていた。

　このエピソードは、サブグループ間の相互依存関係の複雑さという点に

(A) 影取り：映像コンテンツを壁や床に投影するには、造作物の影が壁や床のどこに落ちるかを事前に正確に計測しておく必要があり、この作業には各造作物の位置と形状が必要である。

⇒【対処策】スケジュールを前倒しにすることによって、造作物の撤収が始まる前にこの計測を終える。

(B) センサデータ：センサ系統のコンピュータとコンテンツ系統のコンピュータを接続することによって、ミーをはじめとした映像を投影しながらコンテンツ開発を本格的に行えるようになるが（高梨（2017b）も参照）、

1. 「ワカラヌ」をはじめとする一部の造作物の中にはセンサが埋め込まれているため、造作物と一緒にセンサも撤収されてしまうと、そもそもセンシングもコンテンツ開発もできなくなる。

⇒【対処策】造作物を撤収する期間も、センサ（が入っている造作物の下台）だけはすべて残していく。

2. センサは既に造作物の位置と形状を計算に入れた上で作動しているため、センサは残っても造作物がなくなると、今度はセンサが誤検出を起こす。加えて、センサ業者は7月3日からの3日間が休業日で、その間にコンテンツチームがセンサ関連機器を自力で操作することには不安がある（事例5.12も参照）。

⇒【対処策】造作物と同じ形状とサイズの段ボール模型を同じ位置に設置する[6]。

(C) 音響：「ワカラヌ」の中には重要なスピーカーも埋め込まれているため、撤収されてしまうと、音コンテンツの開発がすべてストップしてしまう。

⇒【対処策】「ワカラヌ」はAの「影取り」が終わり次第、真っ先に撤収と工場作業を進めて超特急で仕上げて、これだけ先に再納品し、再設置以降に本格的に作業できるようにする。さらに、撤収期間中もスピーカーだけは残していく。

おいても、また、時期的な緊急度の面でも、一連のRTの中でもかなり錯綜した議論が行われていた箇所ではある。しかし、これほど複雑でなくても、RTの中では他のメンバーが認識していない潜在的な問題をあるメンバーが指摘し、これが関係者の間で協議されはじめるといったことはきわめて頻繁に観察される。こうした活動はあらかじめ用意されていた議題についての報告や決定が粛々と進んでいくようなルーティン化された会議とはかなりイメージの異なるものであると同時に（column2も参照）、「アナグラ」チームによるRTを特徴づけているものの1つなのではないかとも思われた。そこで、次の第2部では、このようなミーティングの最中における問題の表明と協議に焦点を当てた分析を試みることにした[7]。

注

1 http://www.miraikan.jp/anagura/en/index.html

2 解説映像については「後日談」も参照されたい。

3 このチーム編成に関する裏話に興味がある方はぜひとも「後日談」を参照されたい。

4 おそらくこのこともあって、図5.3では懸念表現、懸念導入表現（第5章）の使用頻度が、この期間の後半の中では飛び抜けて多くなっている。

5 事例5.12もこのエピソードに関連した事例である。

6 第7章の事例7.3で登場する段ボール模型と同じものである。これらは当初は造作物が仮設置されるまでの間だけの代用物と考えられていたのだが、このような問題が発生したため、今回急遽再利用されることになった。

7 この点については、「後日談」における島田氏と小澤氏の振り返りも参照していただきたい。

column 2 フィールド調査の対象としてのミーティング

　本書の調査では、ミーティングは当初から調査対象の中心であった。その一方で、組織やチーム、コミュニティなどの活動を対象とした多くのフィールド調査においては、ミーティング活動自体は必ずしも調査の焦点ではないことの方が多いだろう。しかし、調査の焦点がミーティングなどの言語的なやりとり以外にある場合にも、関係者が何らかのミーティングなどの話し合いを行う機会がある場合には、これを定点観測的に観察・収録しておくことにはフィールド調査の一般的な手法としての有効性があるのではないかと思われる。ミーティングなどの話し合いの場では、他の場面では明示的には語られない関係者の過去の経験や未来の予定などの重要な情報が言語化されたり、関係者間の人間関係や利害関心などが期せずして表面化することも多いため、その後の調査のための手がかりやヒントが得られやすいからである。このように、ミーティングなどの場をフィールド調査の手がかりとして利用する方向性は介護施設を対象とした本シリーズ第4巻（予定）などでも見られるはずである。

　しかし、注意点もある。参与者が雑談などの日常会話とは区別されるものとしてミーティングや会議などを行っている場合、そこで述べられるのは「公式見解」やある意味では「建前」である可能性もあると考えなければならないからだ。ただし、その一方で、たとえ「建前」であったとしても、これらのミーティングで語られている内容は少なくとも当事者同士の間でやりとりされたものであるという点の重要性は変わらない。その意味で、こうした「建前」にも、調査者が行う形式的なインタビューへの回答がともすれば外部者に向けた「よそ行き」の見解の域を出ないものになりがちなのとは異なるリアリティがあるといえるだろう。このように、インタラクションを調査することには、それ自体を研究の「目的」とする場合以外にも、他の目的での調査をサポートする「手段」としての役割もあると考えられる。

　さまざまなミーティングを観察してきて、世の中のミーティングには2つの種類のものがある気がしている。まず一方で、さまざまな組織などでのミーティングは定期的に開催され、当該期間のプロジェクト等の進捗や問題点などの報告と共有が行われる。こうしたミーティングはもちろん重要ではあるものの、ルーティン化しやすく、参加者自身も内心は退屈だと感じていることも多いだろう。

そのため、こうしたミーティングを効率化するための情報技術の開発などが求められることもある。ある時こうした話をしていたところ、イタリアの精神保健医療のフィールド調査をしている知り合いの人類学者から次のような興味深い話を聞き、目から鱗が落ちる思いがした。曰く、彼のフィールドでは、関係者は当事者が直面している、定型化できないそのつどの固有の問題について議論するためにこそミーティングをしているのであり、従って、時間制限などの方法で効率化を図ろうとするのは本末転倒なのではないか、と。このように、ミーティングには、半ば定常化、ルーティン化したものとして継続的に開催されているものだけでなく、組織などの活動にルーティンに落とし込めない問題が不可避に伴うからこそ、こうした非定型的な問題に対処するための場として要請されるものもある。

　もちろん、世の中のミーティングがこれらの2種類に整然と分類できるというのは単純化しすぎであろう。むしろ、実際には多くのミーティングにこれらの両極的な2つの動機のようなものが比率こそ異なれともに含まれていると考えるべきかもしれない。であるならば、ミーティングの参与者自身が進行中のミーティングの中で、これらのいわば「フェーズ」の切り替わりをどのように認識したり、さらには、ある時にはこれらの切り替えをどうやって主体的に行っているのかという点がミーティング分析の重要な課題となるだろう。第5章で詳細に分析する「気になるのは」という表現もこうしたフェーズの切り替えに関わる「参与者たちの方法」の1つなのではないかと考えられる。

Tips 1

ビデオ撮影のためのいくつかのテクニック

インタラクション分析に欠かせないのがビデオと音声のデータである。特にビデオデータの活用はGoodwin (1981) やHeath (1986) などの重要研究以来、年々その重要性が増しつつある。

通常はビデオカメラは市販のハンディカムなどで十分である。ミーティングのような着席での会話が対象の場合、可能ならば、ビデオカメラは対角線上に2台置けるのが理想であるが、無理はしなくてもよいと思う。いずれの場合も、ビデオカメラは会話場の輪の外に三脚などで設置するのが一般的である。しかし、その場合、カメラの内蔵・外付マイクもカメラと共に会話場の外に置かれることになってしまい、音質の上で望ましくない。そこで、本調査では、ハンディカムに接続できる小型bluetoothマイクを使用し、発信器を会話場の中心にあるテーブルの上などに置くようにした（若干の移動を伴う場合などには、お願いできそうな中心メンバーにこの発信器を装着してもらうこともあった）。周囲の環境かよはと静かな場合を除き（そんなことはほとんどない）、これは必ずやるようにした方がよいと考えている。あと、ビデオカメラの電源については、長時間駆動可能なバッテリーを用いるべきである。ケーブルで電源が取れる場合にも、参与者や調査者自身がケーブルに引っかかる可能性もあるし、より大きな点として、会話の最中に参与者たちが位置を変えたり、部屋を移動したりした際にすばやく対処できるようにするためだ。

無線マイクにも充電式の電池を使うのが無駄がなくてよい。

会話参与者は撮影されていること自体はすぐに気にならなくなるようである（自分自身が撮影される側に回った場合にもそのように感じる）。しかし、その一方で、カメラの操作者の存在は気になり続けるようである。そのため、カメラを固定しておける状況の場合には、撮影者が操作のためにカメラに近づく回数は極力少なくし、ファインダーや小型ディスプレイを覗き続けているといったことは避けるようにしたい。また、会話場の外で撮影しながら観察しつづける場合には、当該の会話場の方を凝視し続けるのは避けた方がよい。会話参与者と目が合ってしまう場合もある。そのときの気まずさは参与者本人にも撮影者にもはっきりと感じられる。

その一方で、撮影時には会話の内容を観察せず、後から収録されたビデオだけを視聴するというのは時間的な効率が悪い。そのためにできる工夫としては、ハンディカムの音声出力端子にかなり長めのイヤフォンを接続し、カメラとは離れた場所でこれをモニターしておく方法がある（**図3.9**）。会話場が直接見えない場所に待機しなければならない場合には、ハンディカムの映像出力端子から長めのケーブルを引き、これを別室などの小型ディスプレイに出力してモニターする、といった方法も可能である。後者の方法については、筆者も関わった別のフィールドでの調査手法に関して、秋谷

図3.9　ミーティング室の外部でのリアルタイムモニタリング
（図3.5のミーティング室の外）

(2013) に分かりやすい図説がある。

　第5章の冒頭でも少し触れているが、観察した事柄をリアルタイムで逐一フィールドノーツに記録していく一般的なフィールド調査とは異なり、今回のようなビデオ収録を中心とした調査の場合には、ついつい「後でビデオで見返せばいいや」というある意味では不真面目な態度にもなりやすい。実際、もちろんビデオに記録されているはずの事柄までをすべてフィールドノーツに記録する必要はないだろう。しかし、その代わりに、ビデオを用いた調査の場合には、後から膨大な量のビデオをすべて見返すのはかなり根気のいる作業（本シリーズの他の巻のフィールドの場合、現実にはほぼ不可能ということもある）であるため、撮影と同時にしておくとよいのは、後からビデオを見返す際の手がかりとなるインデックスの作成だと割り切るのがよいと思う。このインデックスは日付と時間、そのとき起こっていた印象的な出来事（ビデオでなるべくすぐに発見しやすいもの）をセットにして記録したものである。このようなインデックスのリストを見返すことによって、どのビデオのどこにどのような出来事があったかが容易に発見できるようになる（より詳細な工夫についてはTips2も参照）。なお、この方法を効果的に実現するためには、ビデオカメラの時計を正確に合わせておくことと、できればファイル名などに撮影開始日時が入るような設定をしておくことが望ましい。

　なお、こうしたビデオを活用した会話分析的アプローチでの調査の手法については、Heath et al. (2010) において要点がコンパクトかつ実用的にまとめられており、非常に参考になる。

第2部

多職種ミーティングでの傍参与者の気づき

はじめに

　全く個人的な感覚かもしれないが、何かが「分かった」気がする瞬間の1つとして、同じ出来事を互いに関連しつつもレベルの異なる複数の視点から同時に捉えられたと感じられたとき、というのが重要だと考えている。この第2部の中の第5章は、本書の中のハイライトの1つとなるものだが、その中では、アナグラチームのメンバーが「懸念を表明する」という1つの現象を焦点として、そうした複層的な捉え方にチャレンジしたいと考えている。

　第5章では「懸念導入表現」という1つのタイプの発話を焦点として取り上げ、これを多角的に分析していく（**図II.1**）。分析は、この発話自体やこれを含む話し手のターンの内部構造の記述を出発点として（5.2節）、会話連鎖（5.3節）やそこへの参与（5.4節）の解明といった、会話分析を中心としたインタラクション分析におけるメインの関心に沿って進んでいく。これが本章の前半の流れである。

　しかし、本シリーズの狙いである「フィールド」という観点から言えば、これらのレベルでの思考に留まるのはかなり不十分だと感じる。少なくとも私自身は。なので、今回はこうした分析に基づき、ある連鎖に参与することの背後にあるそれぞれのメンバーの成員性にも踏み込んだ考察を試みたいと思う（5.5〜5.6節）。逆説的だが、フィールドに出て観察を行うという営みの到達点は直接的には観察できない事柄についての発見なのだといえるのではないかと思う（column2も参照）。さらに、個々のメンバーの成員性は、協働するチームという組織の中で適当な位置を占め、役割を果たすことによって初めてその価値を発揮する。なので、あるメンバーが懸念を表明し他のメンバーがその懸念を解消すべく対処するという実践について、これが組織における継続的な協同活動というレベルでどのような意義を持っているかを考えてみることにする（5.7節）。

　他方、懸念を表明するという活動には、こうした組織のようなよりマクロなレベルでの価値があるだけでなく、これがよりミクロな動因によって

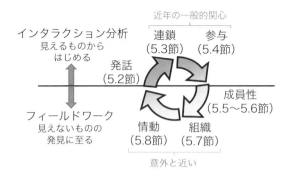

図Ⅱ.1　第5章の見取り図

駆動されるという側面がなければ、そもそも有効に発動されないという事実もあるはずである。そこで、組織論的な考察に続いて、今度は一挙に逆の極へと目を向け、懸念を表明するメンバー個々の情動という観点からの検討も行う (5.8節)。情動は懸念を表明する発話の背後にあり、発話者個人の気づきを促すいわば原動力のようなものだといえるが、その一方で、やや意外に聞こえるかもしれないが、そこでの議論は、情動という個人内的だと見なされがちな現象の持つ組織論的な重要性という社会的側面に再び帰着することになる。そのため、ここでの「懸念導入表現」をめぐる旅の終着点は「組織と情動」という一風見慣れない景色である。

　第2部のその他の2つの章についても、こうした狙いと内容を持つ第5章との関係という観点から予告しておこう。

　まず、第5章に先立つ第4章は、第5章の前半の核となる「傍参与者」の参与に関する分析のための準備の章としての側面も持つ。4.1節と4.2節で学術理論的な問題意識の背景を簡単に説明した後、後半の4.3節ではこの第2部で分析対象とする「ラウンドテーブル (RT) ☞」(2.2節も参照) という多職種ミーティングにおける参与者の発言に関する全般的な傾向を捉えておく。なお、こうした点が特に気にならない方には、少なくとも4.3節は最初は読み飛ばしておいていただいても、後の部分の理解に大きな支障はないと考えている。

　第5章の分析では、懸念導入表現やこれに対する応答を傍参与者が「発話する」という側面に着目していたのに対して、次の第6章では、傍参与者は「発言しない」ときには何をしているのかという問題に目を向けてみたい。

いうなれば、「気づき」という活動について、第5章の分析ではこれが会話の場により顕在的に現れてくる「陽」の側面を扱うのに対して、第6章の分析では、この同じ「気づき」という活動の「潜在型」に目を向けることによって、陰の側面からの見方を提示してみたい。ミーティングという会話の場において「発言する」ことだけがチームの協同活動に参与・貢献する方法であるわけではない。この点は、フィールドワークの手法としてインタラクション分析を用いる際に生じやすい落とし穴かもしれない。

4

多職種ミーティングへの参与

4.1　理論的な背景から

　特に調査の初期において、ミーティングを観察している調査者には分からなかったのは、「会話内のその位置でその内容の発話を行うのがなぜその人なのか？（Why that person now?）」という点であった（第1章）。はじめにこの点について、会話分析の基本的な知見を用いて理論的に整理してみよう。

　まず、本書で分析するミーティングのような会話は3人以上の参与者がいる多人数インタラクション（坊農・高梨, 2009）となることが多い。3人以上の参与者がいるということは、誰が話し手になっている場合にも常に2人以上の聞き手がいるということであるが、こうした複数の聞き手の間には次のような参与役割の相違がある（Goffman, 1981; Clark 1996）（**図4.1**）。

  ○ 会話への参与を承認された者
　　・アドレスされた者（受け手）addressee
　　・傍参与者side-participant
  ○ 参与を承認されていない者＝立ち聞き者overhearer
　　・傍観者bystander
　　・盗み聞き者eavesdropper

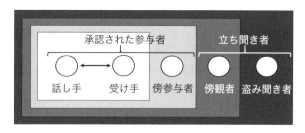

図4.1 参与役割
(Clark (1996) に基づき、坊農他 (2004) が図化したものから細部を修正)

「承認された会話参与者」というのは当該の会話の中で普通に話し手になれる者のことであるといえる。その中で、聞き手は発話を「アドレスされた (宛てられた) 者」(簡潔に「受け手」とも表記する) とそうでない「傍参与者」に二分される。アドレスとは、直感的にいえばその発話が誰に向けられているかということである。

順番交替システムturn-taking system (Sacks et al., 1974) は、ターン構成部とターン割り当て部という2つの構成要素と順番交替規則から構成されている。ごく簡単に言えば、話者が「いつ」交替するかというタイミングの問題を司るのがターン構成部、「誰が」次の話者になるかを決めるのがターン割り当て部、話者の交替ないし継続が「どのように」行われるかを述べたものが順番交替規則である。

1. ターン構成部turn-constructional component
   話者は順番交替のための移行適格場 (transition-relevance place, TRP) がいつ訪れるかについての予測projectionを可能にするようなターン構成単位 (turn-constructional unit, TCU) を用いてターンを構成する。
2. ターン割り当て部turn-allocation component
   「現行の話者による次話者選択」または「次話者による自己選択」
3. 順番交替規則rules
   (1) 最初のターン構成単位TCUの最初の移行適格場TRPにおいて、
     (a) 現行話者による次話者選択
     (b) aが行われていないならば、自己選択によって次話者になれる
     (c) aもbも行われていない場合、現行話者が話し続けることが可能

だが、義務ではない

(2) 最初のTRPで1aや1bが作動せず、1cに従って現行話者が話し続けるならば、以降のTRPで1a〜1cが循環的に再適用される

これらのうち、ミーティングのような多人数インタラクションにおいて特に重要となるのはターン割り当て部である。二者の会話の場合とは異なり、3人以上の参与者がいる多人数会話では常に2人以上の聞き手がいるため、現行の非話者が次のターンを得る保証や義務はなくなり、次話者の決定が参与者にとっての重要な課題となる。

ターン割り当ては移行適格場において上記の順番交替規則が順に適用されることで達成されるが、規則 (1a) の「現行話者による次話者選択」のためのテクニックとして代表的なものは「隣接ペアの第一部分＋アドレス装置」である。隣接ペアadjacancy pairとは、挨拶－挨拶、質問－応答、依頼－受諾／拒否などのように、ある話者による「第一部分first pair part」の直後にこれに合致したタイプの「第二部分second pair part」となる発話が別の参与者によって発せられることによって形成される発話連鎖である (Schegloff & Sacks, 1973)。このとき、第一部分は条件的関連性conditional relevanceという性質によって第二部分の生起を条件づける。

以上のことから、順番交替システムと隣接ペアという2つの装置の間には次のような役割分担があることが分かる。

・順番交替システムにおけるターン割り当て部は「誰が次話者になるか」を決める。
・隣接ペアの第一部分は条件的関連性によって第二部分として「どのような発話(行為)を行うべきか」を決める。

しかし、ここで注意しなければならないのは、隣接ペアの第一部分自体が「誰が次話者になるか」を決めているわけではない、という点である。だからこそ、上記のように、「現行話者による次話者選択」のためのテクニックにはあえて「＋アドレス装置」と書かれているわけである。このように、順番交替システムと隣接ペアの定式化においては、会話における複数の課題を複数の装置に分業させることによって、それぞれの装置に関する記述

を必要最小限のものにとどめる工夫がなされている。

とするならば、「誰が次話者になるか」の決定において重要な役割を担うのは「アドレス装置」であるということになる。しかし、仮に（そんなことはないが）話し手がアドレス装置を複数の聞き手のうちの1人にランダムに向けるのだとすると、その聞き手が第二部分として「行うべき次の発話（行為）」を常に適切に行うことのできる能力と動機を持っているとは限らないという問題が生じる可能性が出てくると想像できる。このことから分かるのは、こうした場合、そもそも話し手は誰が「適切な」次話者であるかが分かっており、だからこそこの特定の聞き手に「アドレス」しているのだ、ということである。従って、順番交替システムによって選択された次話者が隣接ペアの第二部分として規定された内容の発話をしたのを見ただけでは、他ならぬ特定のこの参与者が特定のこの内容の発話を行うことの「適切性」が決まるメカニズムはまだ分からない。調査者としてのわれわれがまさに知りたいのは「その発話」と「その人物」の結びつきであるはずであるにもかかわらず、である。逆に言えば、傍参与者がその位置でその発話の話し手になることに何らかの正当な理由があるならば、傍参与者が積極的に発言を開始することも許容されることになるのではないかとも考えられる。

4.2　二者間バイアスと傍参与者

例えば3人での会話では、現在の話し手（Aとする）以外に2人の聞き手（BとC）が存在している。機械的に考えるならば、Aの次に話者になる確率はB、Cとも1/2ずつであり、仮にここでBが話者になった場合には、Bの次に話者になる確率はA、Cとも1/2ずつのはずである。しかし、現実には多くの会話の多くの場面において、「現在の話者の直前の話者が次の話者になりやすく」（A→B→A）、その結果として、特定の二者の間でのやりとりが続く「二者間バイアス」という現象が観察されるようになる（Sacks et al., 1974）。この状態が続く限り、傍参与者Cはその地位にとどまり続けざるを得ないということにもなりかねないが、二者間バイアスについては、理論的にも、これがどのようなメカニズムで生じるのかが十分に解明されているとは言えない。Sacks et al. (1974) は、「現在の話者の直前の話者」であるAには現

行話者から自分への回答に対する理解や不十分さなどに関する表明を優先的に行う権利があるからだというところまでは指摘しているものの、体系的な分析はまだ不十分であろう。

　これに対して、第1章で紹介した**事例1.1**では、二者間バイアスのいわば対極の事態が生じていたといえる。AとBによる質問応答の連鎖の直後に話し手になるのはAではなくCであり、CとDの質問応答の連鎖の直後に話し手になるのもCではなく（Aでもなく）Eだからである。さらに、3つの質問に対する応答者もそれぞれB、D、F&Gとすべて異なっていた（図4.2）。

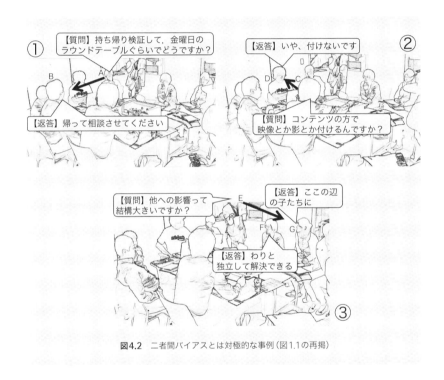

図4.2　二者間バイアスとは対極的な事例（図1.1の再掲）

　実際、ラウンドテーブル（RT）☞（2.2節も参照）のデータを観察していると、一方では一般的な「二者間バイアス」のように、参与者のうちの特定の2人の間でのやりとりを中心として会話が展開していくことも多いものの、この「特定の2人」以外の参与者が俄かにやりとりに加わってきたり、横から応答を開始したりしたという印象を受ける場面も少なからずある。これらの傍参与者がランダムに話し始めることができるというようなあま

り意味のなさそうな仮定に立つのでない限り、傍参与者の参与にはやはり4.1節で指摘したような意味での何らかの「適切性」が必要なはずだと考えなければならないだろう。幸い本調査では十分な分量のデータがあるため、こうした事例には事欠かず、また、実際に、傍参与者の発言の少なくとも一部には規則性のようなものがあるのではないかという見通しも徐々に得られつつある。詳しくは第5章に譲るとして、以降ではそのための前提ともなる、RTの中での発話量に関する一般的な傾向を把握しておこう。

4.3 ラウンドテーブル（RT）の参与者間の発話量の偏り

本節で示そうとしているのは概ね次のような点である。

- RTの各メンバーの発話量の比率には、一連のRTを通じての安定的な傾向がある（4.3.1節）。
- しかし、各回のRTの内部では、どのメンバーが中心となってやりとりが展開されているかが大きく変化していく（4.3.2節）。
- さらに、各RT内のそれぞれの談話区間の中での中心的な発話者の変動（4.3.3節）やそれまで中心的でなかった参与者が発言を開始した区間（4.3.4節）などを定量的に特定することが可能である。

【注意】
これらの点はある意味では当たり前な点を確認しているに過ぎないとも言える。そのため、これらの点に特に疑いを持たない読者には本節は飛ばしていただいても、第5章以降の内容を理解する上での大きな支障はない。

4.3.1 RTメンバーの発話率の全般的傾向

29回のRTのうち、5回以上に出席したメンバーは16人、10回以上は13人であった。これらの13人については、**図4.3**にそれぞれの組織役割を図示しておく。

まず、全29回のRTの書き起こしデータについて、各回の全参与者の発話量を文字数で集計してみたところ、全29回の合計文字数は1,395,623字、

平均は48,125字であった(**表4.1**)。次に、全29回の全体での各発話者の発話率と各回の中での各発話者の発話率の相関を求めたところ、各回の平均では0.87、最大値は0.99、最小値は0.69であり、発話量の偏り、すなわち毎回のRTの中での各参与者の大局的な参与上の「立ち位置」のようなものは各回を通じて概ね安定していることが確かめられた。各回の各参与者の発話率をグラフ化すると**図4.4**のようになる。

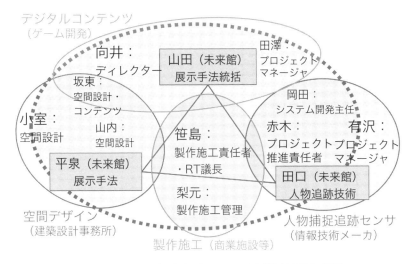

図4.3 ラウンドテーブル(RT)の主要メンバーと組織役割(図3.8の再掲)
(中心に近いメンバーほど高い頻度で出席・発言。
文字が大きいほど各企業・機関内での職階が高い。)

全回の合計において発話率が10%を越えるのは3人、5%を越えるのも5人のみであった。RT主要メンバーの組織役割(**図4.3**)(**図3.8**の再掲)や2.2節の人物紹介から分かるように、このうち、1位の笹島(30.5%)は受注側代表者かつ施工責任者であるだけでなく、RTにおいて議長も務めている。2位の山田(21.7%)は未来館側の実質的な中心人物で、センサ☞、コンテンツ☞、空間デザイン☞のすべてに関与している。この2人の発話量が圧倒的に多く、トータルでいえば、この2人だけで全発話量の50%を越えている。また、3位の赤木(12.8%)はセンサ責任者、4位の向井(9.5%)はコンテンツ責任者で、それぞれ10%前後を占めている。この4人は、今後のすべての章の分析において重要人物となってくるので、ぜひとも覚えておいてほしい。

表4.1　RTメンバーの出席回数、発話量・率と順位

	出席回数	発話量	発話率	順位
笹島	29	425604	30.5%	1
山田	28	302267	21.7%	2
赤木	25	178308	12.8%	3
向井	24	132100	9.5%	4
平泉	26	77065	5.5%	5
田口	26	57469	4.1%	6
山内	24	40832	2.9%	7
岡田	15	37517	2.7%	8
田澤	18	29855	2.1%	9
小室	11	24638	1.8%	10
梨元	26	22950	1.6%	11
坂東	23	21037	1.5%	12
有沢	7	18019	1.3%	13
大沢	6	15007	1.1%	14
大鰐	11	11661	0.8%	15
梶野	5	1294	0.1%	16
計		1395623		

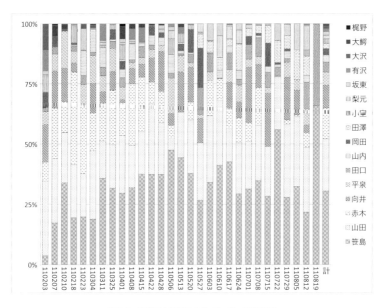

図4.4　全29回のRTでの各メンバーの発話率

4.3.2 各RTの内部での発話率の変動

　次に、29回のRTのうち、下記の問題がないことが確認できた回の中から110207、110311、110701の3回分のみを選択し、書き起こしに付与されている1分間隔のタイムスタンプ（Tips2）を手がかりに、各回のデータを冒頭から5分ずつに区切った「談話区間」を認定した。

・各参与者の発話量について、全体と各回との相関が極端に小さくない
・上記の上位4人が出席し、他の主要メンバーもほぼ参加している
・懸念表現「気になる」（第5章）がある程度生起している

　これらの3回のそれぞれについて、それぞれの回の全体と各回の中の各談話区間との間での各参与者の発話量の相関の平均は、110207：0.55、110311：0.57、110701：0.67であり、区間ごとの変動がかなりあり、各回の間の変動よりも大きいことが分かった。このことから、当然ではあるが、全29回という大局レベルで中心的なメンバーが各談話区間でも常に中心的参与者となっているとは限らないことが分かる。この点は各回の談話区間ごとの各参与者の発話率でも確かめられる（例として110701のもののみを**図4.5**に示す）。逆に言えば、5分という談話区間の基準は恣意的なものであるとはいえ、各回の中での参与者の変動にそれなりに感応的なものであるといえるだろう。そこで、次に、この談話区間を用い、談話区間間での発話者の変動を捉える手法を考えてみよう。

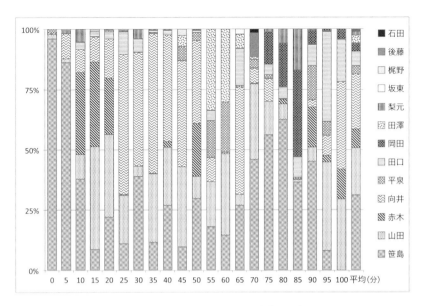

図4.5 談話区間ごとの参与者の発話率(110701)

4.3.3　談話区間間での発話人数と発話量の推移

　ここでは、各回の中での談話区間間での参与者の発話率の変動を定量的に捉えるための方法を考えてみよう。その際、多人数会話における二者間バイアス(4.2節)を焦点とするならば、各談話区間における発話量の上での2人目と3人目の境界がどこにあるかという点を考慮しやすい方法が望ましいだろう。

　そこで、まず、各談話区間での発話人数の平均を求めると、**表4.2**のa列のようになった。そのうち、当該区間での発話率が50%、10%を越える参与者の人数はそれぞれb、c列のようになる。各区間とも1人や2人ではなく、複数の参与者が発話していることが分かる。

　次に、各区間の発話量上位3位までの参与者の発話量を分析すると(**表4.3**)、どの回でも、区間を平均すると、発話量上位2名で75%程度(e列)、上位3名で90%程度になる(g列)。また、どの回のどの談話区間でも、上位2名の合計が50%を切ることはなかったことから(f列)、5分間隔での談話区間を用いれば、各区間の主要な参与者2名を安定的に特定できると考えられる。

表4.2 各談話区間での発話者数と発話率の多い参与者の人数

回	a. 発話者数	b. 50%超人数	c. 10%超人数
110207 (41区間)	5.4	0.4	2.9
110311 (21区間)	5.8	0.5	2.8
110701 (21区間)	6.3	0.3	2.8

表4.3 各談話区間での発話量上位1〜3位の発話率

回	d. 各区間での上位3人の発話割合			e. 2人計	f. 2人計最低値	g. 3人計	h. 3人計最高値	i. 3位最低値
	1位	2位	3位					
110207 (41区間)	48.7%	27.1%	14.8%	75.8%	51.1%	90.6%	64.0%	27.3%
110311 (21区間)	53.9%	20.1%	13.9%	74.0%	58.0%	87.9%	74.5%	29.7%
110701 (21区間)	48.3%	25.7%	12.9%	74.1%	52.5%	87.0%	70.5%	24.1%

　ただし、逆に言えば、2人だけしか話していない区間もほとんど存在していなかったともいえる（110207で1区間[1]、110311で1区間のみで、110701ではなし）。実際、上位3人の合計の最高値は70%程度であった一方で（h列）、3位の参与者の発話量は平均で15%弱、最高では30%に近かったため、どの談話区間においても、上位2名だけで会話が行われているとは言えない。従って、どの談話区間においても、3人目（以降）の周辺的な参与者がある程度実質的な分量の発話を行っていると仮定することができることになる。

　しかし、ここまでの分析では、各談話区間の上位3人が「誰であるか」は特定していなかった。そこで次に、各区間での上位3人が誰であるかを特定した上で、その推移をまとめてみた（例として110701のもののみを**図4.6**に示す）。ここからは、すべての回のトータルでの上位2名の笹島と山田が必ずしもどの区間でも上位2名になっているわけではなく、これらの2名が3位までに入らないことや、他の参与者が3位までに入ることもあることが読み取れる。さらに詳細に見るならば、この「3人目」の参与者は全回トータルでの3位の赤木と4位の向井であることも多いものの、これら以外の、大局的な発話量の観点からはより周辺的なメンバーが上位3位までに入ることや、こうしたメンバーがひとたび3位までに入ったならば、その参与状態が複数の談話区間にわたって継続することが多いことも見て取れる。

図4.6 発話率上位3人の談話区間ごとの推移（110701）

そこで、次に、大局レベルでの周辺メンバーが局所的に中心的に参与している箇所を定量的に特定することのできる手法を考えてみよう。

4.3.4 大局レベルでの周辺メンバーの局所的な参与の特定

次の手順によって、大局レベルでの周辺メンバーが局所的に中心的に参与している箇所を定量的に特定できると考えられる。

1. 全回トータルでの発話量の順位に基づき、各参与者を数値化：
   笹島＝1、山田＝2、赤木＝3、向井＝4、その他＝5
2. 各区間の上位3人組の順位得点：
   各区間の1〜3位の参与者の数値(1)の合計
   ・ベースライン：トータル順位1〜3位のメンバーが、当該区間でもこの順位で発話した場合に最低となる。すなわち、1+2+3＝6。
3. 各区間の上位3人の発話得点：
   各区間の1〜3位の参与者の数値(1)×当該区間での当該参与者の発話率
4. 当該の区間の発話得点＝3の値の1〜3位までの合計
   ・ベースライン：全回での順位1〜3位のメンバーが、当該区間でもこの順位で、各自の全回での発話率である30.5%、21.7%、12.8%の通りに発話した場合に情報量が最も小さくなると考え、これをベースラインとする。すなわち、

$$1^*0.305+2^*0.217+3^*0.128=1.12.$$

　以上の方法で計算した談話区間ごとの順位得点と発話得点の例を**表4.4〜4.6**に示す。110701（**表4.6**）についてのみ、集計結果だけでなく、すべての談話区間についての数値も示す。

表4.4　談話区間ごとの順位得点と発話得点の集計（110207）

	1位		2位		3位		計	
	順位得点	発話得点	順位得点	発話得点	順位得点	発話得点	順位得点	発話得点
ベースライン	1	0.31	2	0.43	3	0.38	6	1.12
平均	2.8	1.33	2.6	0.71	3.2	0.47	8.6	2.51
最大値	5	2.99	5	2.21	5	1.09	14	3.47

表4.5　談話区間ごとの順位得点と発話得点の集計（110311）

	1位		2位		3位		計	
	順位得点	発話得点	順位得点	発話得点	順位得点	発話得点	順位得点	発話得点
ベースライン	1	0.31	2	0.43	3	0.38	6	1.12
平均	2.2	1.13	3.5	0.66	3.3	0.46	9	2.24
最大値	5	2.98	5	1.5	5	0.94	12	3.92

　まず、順位得点についてみると、ベースラインは6であるのに対して、全区間の平均は、110207：8.6、110311：9.0、110701：8.5、全区間での最大値は、110207：14、110311：12、110701：12と、ベースラインを越えていることが確かめられた。同様に、発話得点についても、ベースラインが1.12であるのに対して、全区間の平均は、110207：2.51、110311：2.24、110701：2.25、全区間での最大値は、110207：3.47、110311：3.92、110701：3.23と、こちらもベースラインを大きく超えていた。これらのことから、以上の方法で求めた各談話区間の順位得点と発話得点が大きいほど大局レベルでの周辺メンバーが当該談話区間でより多く発話していると予測することが可能であるといえる。

　次の第5章では、RTのメンバーがしばしば用いている懸念導入表現「気になるのは」について分析するが、その中の5.4.1節では、ここで導入した、

表4.6 談話区間ごとの順位得点と発話得点（110701）

	1位		2位		3位		計	
	順位得点	発話得点	順位得点	発話得点	順位得点	発話得点	順位得点	発話得点
ベースライン	1	0.31	2	0.43	3	0.38		1.12
平均	2.7	1.19	2.5	0.64	3.3	0.42	8.5	2.25
最大値	5	2.33	5	1.81	5	1.05	12	3.23
談話区間								
0	1	0.96	2	0.04	5	0.07	8	1.07
5	1	0.86	4	0.41	2	0.04	7	1.31
10	1	0.38	3	1.02	2	0.2	6	1.61
15	2	0.85	3	1.05	4	0.42	9	2.32
20	2	0.69	3	0.7	1	0.22	6	1.61
25	4	2.33	2	0.4	1	0.11	7	2.84
30	4	1.89	1	0.39	5	0.29	10	2.56
35	4	2.32	2	0.57	1	0.12	7	3
40	4	1.77	1	0.27	2	0.48	7	2.52
45	4	1.76	2	0.67	1	0.1	7	2.53
50	4	1.38	1	0.3	3	0.66	8	2.34
55	5	1.68	2	0.38	1	0.18	8	2.24
60	2	0.67	5	1.51	5	1.05	12	3.23
65	4	1.78	1	0.27	5	0.77	10	2.82
70	1	0.46	2	0.62	5	0.5	8	1.58
75	1	0.56	2	0.28	5	0.67	8	1.51
80	1	0.63	5	0.91	2	0.13	8	1.67
85	1	0.37	5	1.81	5	0.85	11	3.02
90	1	0.45	3	0.5	5	0.71	0	1.66
95	5	1.86	2	0.74	4	0.33	11	2.93
100	4	1.44	2	0.59	5	0.89	11	2.92

大局レベルでの周辺メンバーが当該談話区間でより多く発話している箇所を特定するための順位得点と発話得点という指標を用いて、懸念導入表現の使用と傍参与者の積極的な参与との関係を検証する[2]。

注

1 発話者が2人以下の区間があと1つあったが、ビデオ収録の関係で1分程度のかなり短いものだったため除外した。

2 これらの指標は第5章での懸念導入表現の分析以外の他のさまざまな研究目的においても、参与構造上特徴的な現象が生起していそうな箇所を談話区間の粒度で検出するのに使えると考えられるが、残念ながら、この他の分析はまだ行っていない。

Tips 2

トランスクリプトとテープ起こし

　本書の調査では、膨大な量のミーティングのビデオデータの収録を行ったため、これらについて、会話分析の流儀での詳細なトランスクリプトを端から作成していくことは全く現実的でなかった。そこで、本調査では、Tips1でも紹介したように、これらのデータの最初の段階での書き起こしはテープ起こし業者に外注した。もちろんこれにもかなりの額の予算が必要ではあるが、アルバイト作業者などによって会話分析流のトランスクリプトを作成することや工学系のコーパス作成プロジェクトで行われているような発話の時間情報付きの書き起こしを専門の業者に発注することに比べたら、費用は何分の一かになる。

　テープ起こし業者は講演やインタビューなどの書き起こしや要約を作成することを主な業務としており、インターネットで「テープ起こし」で検索すれば多くの業者が見つかる。相場としては、安いところならばデータ1分あたり300円弱といったところだろう。

　ただし、本調査で作業依頼する際には、次の2点だけは強調した。業者によっては追加料金が必要になるかもしれないが、やっておいた方がよいであろう。

・ほとんどが多人数会話のデータであるため、各発言の話者を可能な限り正確に特定してもらう（そのため、音声ファイルだけでなくビデオデータも貸与する）。

・データ約1分ごとに、「0：05：00」のようなタイムカウンタを入れてもらう。

　これら以外にも、例えばミーティングならば、当日配布された資料などに基づいてキーワードや固有名詞のリストを事前に作成して渡しておけば、これらの重要な表現についての転記誤りを減らすことができると思われる。本調査では、この点を強く感じたのが調査を開始してからしばらく経った頃であったことや、毎週2回以上の収録分について、書き起こしの発注以前にこうしたリストを作成するのが間に合わなかったことなどにより、残念ながらこれは行えなかった。

　なお、1分ごとのタイムカウンタについては、並行して次のようなビデオ再生ツールを開発することによって、複数のビデオファイルの中から特定のファイルの特定の箇所をこのツールでの1クリックで1分以内の精度で再生できるようにした。

ビデオ起動ツール「再生くん」（高他、2012；高・高梨、2013）
http://trialogique.com/tool/saiseikun/

　このツールは書き起こしファイル以外にも、ビデオ上での時間情報とビデオファイルへのパスさえ記入されていればあらゆる形式のExcelファイルから該当箇所のビデオ再生ができ、Windows版とMac版の両方が用意されている。本書の第5章の分析で

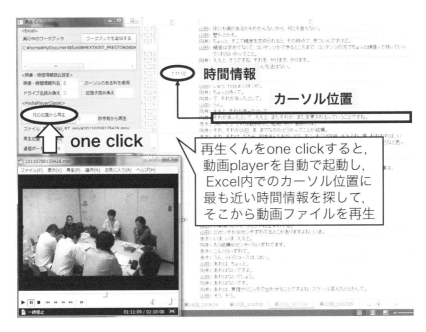

図4.7 「再生くん」を用いて書き起こしからビデオを再生

は、懸念導入表現の全事例を1枚にまとめたリストのシートを作成し、その各エントリーから当該表現が生起した回のRTの書き起こしのシートの中の当該行へのリンクを入れることによって、全29回のRTの中での当該の懸念導入表現の生起箇所のビデオを瞬時に再生し、確認できるような分析環境を構築して活用した(図4.7)。

このツールにはその他にもさまざまな活用の可能性があると考えられるため(高・高梨, 2013; 秋谷, 近刊)、ぜひとも試してみていただき、有効な活用法などを思いつかれた時にはご連絡いただけるとありがたい

と考えている。

5

懸念導入表現「気になるのは」と
傍参与者

5.1 分析の出発点

　『アナグラのうた』が完成し、フィールド調査も終えた現時点で言えることは、フィールド調査の初期に調査者にとって分からなかった点は、参加者には共有されているが調査者は有していなかった専門知識や背景知識といったものであるというよりも、そのつどの場面において、調査対象者である「彼ら」にとって何が「気になって」いたかであったと表現するのが最もしっくり来ると考えている。逆に、この点をフィールドワークのための方法論のひとつとして事後的に定式化するならば、調査者が「彼らは何が気になる人たちなのか」という点を解明しようと意識することによって、フィールドの特徴やそこに参与している関係者の立場や社会的属性、行われている行為の意味などが徐々に理解できるようになっていく、ということが言えるのではないかと思う。

　さて、「彼らが何が気になっているか」を知るためには、気になっていることがらを彼ら自身が表明している場面を観察するのが最も直接的であろう。実際、これから紹介していくように、この方法論はそれなりに有効であったと考えられる。しかし、その一方で、第1章でも述べたように、一連のフィールド調査において、この点が当初からの調査計画のようなものと

して掲げられていたわけでは全くない。

　ラウンドテーブル（RT）☞の調査の際、筆者はビデオを回しながら、その映像と音声を延長ケーブルによってリアルタイムで室外に中継し、ミーティングの内容をイヤフォンでモニターできるようにしていた（Tips1参照）。しかし、はじめの頃は、正直に言えば、内容を聞いていても分からないことがあまりに多かった。また、RTでは常に議論が紛糾しているなどということはもちろんなく、むしろ、議長役の笹島があらかじめ用意していた議題についての報告や確認などが淡々と続いていくという時間帯もかなり長かった。そのため、私はミーティングの内容をリアルタイムでフォローすることを放棄または犠牲にして、ノートPCなどで別の仕事を内職していることも多かった。同時に、「この方法でミーティングを収録し続けていって何か意味のあることが分かる日が来るのだろうか」といった不安でやや途方にくれていたという面もある。

　しかし、そうした際にも、筆者の注意をしばしミーティングの場に引き戻す表現があることに徐々に気づいてきた。それが本章で分析する「気になるのは」という表現だった。

　この表現が用いられる際、ごく感覚的に言えば、ミーティングの場の空気が多少なりとも「ザワザワ」する。それは、この表現の直後でそれまでは必ずしも熱心に話し手に注意を向けているようには見えなかった傍参与者が俄かに話し手に視線を向け変えたり、また、ある参与者は立ち上がってテーブルの上の共有スペースにある模型や図面を覗き込んだりし始める、といった点にも現れている（第7章も参照）。従って、「この表現がどのような時に用いられ、またこの表現が用いられるとミーティングの中で何が起こるのかを、複数の事例を集めて分析していけば、何か有意義なことが見えてくるかもしれない」と、まずはごく漠然と考えてみた。そこで、それまでの印象について改めて思い返してみると、特に、1. この表現が用いられると他の参与者は何らかの理由で当該のやりとりに「巻き込まれ」ざるを得なくなるのではないか、そして、2. この表現が用いられる際には、それまでミーティングに必ずしも中心的に参加していたわけではないメンバーもやりとりに加わるようになるのではないか、といった作業仮説のようなものが見えてきた。以下では、これらの2点を中心として、「気になるのは」という表現の使用に見られる特徴とその効果についての分析を紹介していきたい。

5.2 懸念を表明する発話の構造

　直前に掲げた2つの作業仮説のうち、先に、1.「気になるのは」という表現が用いられると他の参与者は何らかの理由で当該のやりとりに巻き込まれざるを得なくなるのではないか、という点について分析することにしよう。しかし、その前に、この発話自体の持つ言語学的な特徴とこの発話を含む話し手のターンの内部の談話構造を明らかにしておく必要がある。

5.2.1 構文論的特徴

　ここでの分析では、「気になる」「気にする」という表現をそれぞれ複合的な1つの述語とみなし、これらを「懸念表現」と呼ぶことにする[1]。29回のRTの中で懸念表現は242例観察された。これらの「気になる」の主体（経験主）を、明示化されていない場合も含めて特定し、人称ごとに整理すると、1人称が187例、2人称が18例、3人称が37例と、1人称のものが圧倒的に多かったことから、この表現の多くは発言者自身にとっての懸念を表明するものとして用いられているものと推測された。

　次に、より重要な点として、この表現の用例のうちで際立って特徴的な構文は、「気になるのはXだ」「気にしているのはXだ」といった疑似分裂文のものであり（70例）、これが文末形（63例）よりも多いことが分かった[2]。機能言語学的には、述語「気になる」を文末に置く通常の語順の文「Xが気になる」と比較した場合、「気になるのはXだ」では、懸念事項Xが文の情報構造上の新情報ないし焦点となる文末の題術部分に置かれるようになる（福地、1985）。そのため、この表現には、懸念事項Xをグループにとって議論すべき「アジェンダ」（5.7.1節も参照）としてより明確に導入するという談話上の効果があるのではないかと考えられる[3]。そこで、『日本語話し言葉コーパスCSJ』における「話題導入表現」（丸山他、2006）に倣い、これらの疑似分裂文形式の用例「気になるのは／のが」を「懸念導入表現」と呼ぶことにする。

　次に、念のため、この表現の一般性について確認しておこう。RT出席回数が5回以上だったメンバー16名の全RTでの発話量を書き起こしの文字数に基づき集計すると、**表5.1**のように、発話量には大きな偏りがあることが分かる（第4章の**表4.1**も参照）。しかし、RT全体を通じての発話量と懸念表

現、懸念導入表現のそれぞれの使用回数との間の順位相関係数はそれぞれ0.92、0.87と非常に高い。従って、これらの懸念表現や懸念導入表現は決して個人的な口癖のようなものだとは言えない一般的な表現であるとみなしてよいのではないかと考えられる[4]。

表5.1　発話量と懸念表現・懸念導入表現使用度数の関係

	発話量	懸念表現	懸念導入表現
笹島	425604	68	25
山田	302267	59	13
赤木	178308	32	11
向井	132100	22	3
平泉	77065	17	5
田口	57469	6	2
山内	40832	14	4
岡田	37517	5	1
田澤	29855	1	1
小室	24638	5	0
梨元	22950	0	0
坂東	21037	2	0
有沢	18019	4	3
大沢	15007	0	0
大鰐	11661	1	0
梶野	1294	0	0
計	1395623	236	68
順位相関係数		0.92	0.87

　以下では、これらの懸念導入表現70例のうち、1人称の用例62事例を対象として、より詳細な事例分析を行う。

5.2.2　懸念導入表現を含むターンの内部構造

　RTの中での懸念導入表現の使用においては、これを含む1文のみで話し手のターンが構成されていることは必ずしも多くない。そこで、懸念導入表現が含まれているターンの内部構造を見てみることにする。すると、懸

念導入表現の用例においては、これと同じターン内に、気になる「理由」、解決に向けた「質問」や「要求」などを表す別のターン構成単位が共に含まれた「複数単位ターン」(Schegloff, 1996b) が構成されていることが多いことに気づく。**事例5.1**[5]では、懸念の表明に続いて、この懸念の【理由】や懸念を解決するための【要求】が1つの発言の中で継続して表明されている[6]。

事例5.1 ［第16回RT_110603］☞

笹島：その, 8月20日のところで1つ,
　　　【懸念表明】もう1つ気になってるのが,
　　　ま, さっき言った定例の(　)友の会☞の2回目って, 7月下旬, ま, 30なのか,
　　　その辺にやったとき, ま, その1回目に挙がってきたテストの内容と,
　　　2回目の友の会で, その, 運営側から挙がってきた, ちょっと,
　　　内容を, 2週間でどこまで網羅できるかっていうのも,
　　　ちょっとあるのは, 確かかなと思ってまして.
　　　【理由】ちょっとその, 前倒しっていうのが, ((中略))
　　　ま, 2日3日っていう話なのか, 1週間って言われると, たぶんちょっとみんなが,
　　　1週間ちょっと厳しいってことになるかなと思います, ので.
　　　ま, その, 友の会のテストプレースの1回目の内容で, どれぐらいのものが,
　　　こう, どういうふうに出てきて, さらに運営の方で見ていったときに,
　　　こういう直してほしいって出た中を考えると,
　　　【要求】やっぱりなんか2週間は必ずちょっとほしいかなと, テスト終わってから.
　　　で, さらにその辺の絞り込みってなると, ま, 最大早くしても2日とか
　　　そんなレベルかなっていうイメージが.
山田：そう, そこはそんな感じで.
笹島：**【要求】**ちょっとその, オープンの日☞の設定っていうのは,
　　　やっぱりちょっとそろそろ具体化した, おきたいなと.
山田：**【対応】**ええ, 遅くても, 今月の23には決まっているはずで,
　　　その前にもちょっとここでここの日にオープンしますって
　　　相談はできると思うので, 17日の,
笹島：17日.
山田：RT, のときには, なんらかお話しできると思う.
笹島：はい.
山田：もっと早く決まる可能性もあるので, もっと早く決まったら,
　　　そのタイミングでご相談します.

ここで見られる【要求】と【対応】の間の連鎖関係は、ある話者による「要求」がその受け手となる聞き手からの「受諾」や「拒否」といった応答の生起を条件づけているという意味で、依頼－受諾／拒否のような隣接ペア（4.1節）と同様のものであると考えることができそうである。しかし、次の5.3節でより詳しく見るように、懸念導入表現は同一ターン内に明示的な「要求」や、さらには要求の生起を予測させるような「質問」などを伴っていない場合にも、それ自体がいわば間接言語行為として、要求への対処のための聞き手からの応答を引き出す力を持っているのではないかと考えられる。

5.3　懸念表明を含む発話連鎖

5.3.1　懸念導入表現を含むターンの連鎖上の生起位置

　まず、懸念導入表現が会話内のどのような位置で生起しているかを見てみよう。すると、懸念導入表現を含むターンがその直前の発話や発話連鎖とどのような関係にあるかという観点から、次のような分類ができることが分かってきた。直前の話題を契機としているものの、若干観点が変更されるCタイプのものが最も多いことが分かる。

A. 資料説明などのモノローグの最中（10例）

毎回のRTの冒頭での前回議事録の確認やRTの最中の配布資料などを使った説明の中など、特定の参与者がかなり長い発話を行うモノローグ的な箇所の最中。

B. モノローグ直後の質疑（4例）

Aのモノローグの終了直後に行われることが多い、他の参与者からの質疑やコメントなどの中で。

C. 連鎖終結後の新たな連鎖開始（22例）

質問応答などの隣接ペア（4.1節）が直前までに終結している箇所で、次の話題・連鎖を開始するための発話の中で用いられるもの。直前の連鎖での話題と何らかの関連を持っている場合が多いが、完全に新しい話題として開始される場合もある[7]。

D. 直前の発話への異議・反論（4例）

　　直前の発話の連鎖上の位置にかかわらず、これに対する異議・反論などを表明する発話の中で。直前の発話自体が終了した後で開始される場合だけでなく、直前の発話を遮る形で生じる例もある。

E. 質問への第二部分（6例）

　　直前の質問などの隣接ペアの第一部分に対する第二部分となる応答の中で。

F. その他（16例）

　事例5.2はAの「資料説明などのモノローグの最中」の例である。ここでは笹島がRTの冒頭で前回の議事録を読み上げながら確認を行っており、基本的に笹島によるモノローグが継続している。

事例5.2　［第25回RT_110805］☞

　笹島：ええ, 2番目, ええ, センサー, せいせい, 整線の際の確認.
　　　　ええ, センサー接続LANケーブルですが, ええ, センサー側のコネクターが,
　　　　特殊形状のため, カット切断を行った際に, ええ, 導通試験ができません.
　　　　ええ, 1メートル等で市販されてるか, コネクターカートリッジだったのか,
　　　　代理店に確認できますでしょうか, と依頼しました.
　　　　で, 連絡先を確認を確認しますということで.
　　　　これ, ええと, い, 最低がいま, の長さの5メートルから, を,
　　　　10, 20メートルということなので, 1メートル単位のものは, ございませんでした.
　　　　カートリッジもございませんでしたので.
　　　　整線方法は, も, ちょっと, あのう, ええ, アンプ, 一番, ちょっと
　　　　気になっているところが, ワカラヌ☞のものなので, 2台入ってるとこなので,
　　　　あれは, アンプを移設して, 上に電源コネクターを上げるというかたちを取る
　　　　ということです.
　　　　で, 下の方に, 線を, LAN, センサー用の線を, まとめておくって
　　　　いうようなかたちを取りたいと思います.
　　　　ま, 放熱ものと, あの, LANケーブルと別にするっていうかたちです.

　事例5.3はCの「連鎖終結後の新たな連鎖開始」の例である。この例では、直前までは展示の構造的強度についての話題が主に笹島と山田の間で続い

ていたが、この連鎖が終結した時点で、それまで傍参与者であった山内が、これまで話題になっていた箇所に関連するものの、構造的強度についてではなく、意匠に関する連鎖を開始している。この事例については、5.5節でも改めて検討したい。

事例5.3 ［第3回RT_110223］

(直前までは構造上の強度についての話題) ★1
山内：【懸念表明】あと、もう1点**気になってるの（が）**、★2
　　　この掘り込みの300確保しないといけない部分をここで終えているのが、
　　　意匠的にどうかなっていうのもあって、
笹島：うんうん、うんうん．

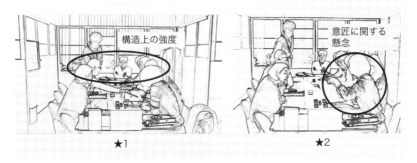

★1　　　　　　　　　　　★2

　事例5.4はDの「直前の発話への異議・反論」の例である。センサ担当企業の作成したシミュレーション結果の図の作成方法について他のメンバーが質問している場面であり、この箇所では、直前の話題に関連させる形で、センサ担当者の有沢（赤木の同僚）が、「30人が展示空間内に同時に入るケース」について確認するためのやりとりを開始していた。懸念導入表現はターン冒頭に置かれ、直前に山田から示された回答に対する懸念を速やかに表明するものとなっている。

　ここで興味深いのは、この懸念表明に対して、その直後のターンで元の話し手であった山田がこの懸念を解消できるような情報を提供する応答をしているという点である。次の5.3.2節でより詳しく検討するように、懸念導入表現には直後にこの懸念を解消するための応答や対応を引き出す力があるようである。

事例5.4 ［第5回RT_110311］

山田：で, 30人のときのイメージなんですけど,
　　　ロスト⇨ばっかの「ばっか」の程度によると思うんです.
　　　楽しめないけれども一応機能してるというのは,
　　　まあロストしたらリカバリーできる.
　　　もう10秒おきにロストが発生してるとかっていうことには, まあならない.
有沢：【懸念表明】気になってるのが, 20分ぐらいで, ほんとはこう, 退出していただいて,
　　　ローテーションという世界なんですけど, ロストしたりとか, いろいろすると,
　　　誰にどう指示を出すか非常に難しくなるので, それがまた20分が25分,
　　　どんどん悪い方向に・・・
山田：【配慮】あ, ただ, 30人って言ってるのは, 運転してる状態で30人というよりは,
　　　そのときだけちょっと, 特別に5人連れのゲストが来ちゃったとか,
　　　コントロールしてる状態なんで.
有沢：あ, じゃあ, 基本的には20人.

5.3.2 懸念表明－解消連鎖

　5.2.1節で見たように, 懸念導入表現は疑似分裂文の形式をとっており, 当該の文の後半の焦点位置に問題箇所の指示同定や問題点の描写などの内容が生起するのが一般的である. しかし, 懸念導入表現を含む文「気になるのがXだ」が行っている言語行為 (Searle, 1969) を単なる指示同定や描写であると見なすのは誤りだと考えられる. むしろ, 懸念導入表現を含む発話はそれ自体で懸念の解消を要求するという言語行為を遂行する力を持っているのではないかと思われる.

　順に見ていこう. まず, 懸念導入表現を含む複数単位ターン (5.2.2節) に対して, その中で「要求」が明示されるより前に, 聞き手が対応する適切な応答を開始することも多い. **事例5.5**では, 笹島が質問とこの質問に関連す

る事実の指摘（「バトンがない」）だけを行った時点で、山田は懸念点を「あ
あ、はいはい、はいはい。」と認識し、「壁から持ち出しとかを」と、この懸念
の解消に向けた提案を開始している（→で示した行）[8]。なお、この山田の提
案に応答している大鰐は笹島と同じ会社の部下である。

事例5.5 ［第7回RT_110401］↻

> 笹島：一番ちょっと**気になってる**のは,
> 　　　ここのコミュニケーションエリア↻は, 照明って必要なんですかというところ.
> 山田：ええ, ええ.
> 笹島：で, ここバトンがないんですよ.
> →山田：ああ, はいはい, はいはい.
> 笹島：壁＝
> →山田：＝壁から持ち出しとかを.
> 大鰐：うん, 正直, 電気的にはブラケット出しの, ブラケットの照明しかないなと.
> 山田：それでいいです.

　一般に、依頼や要求などの言語行為については、これらが明示される直
前に、それらの行為を行うための前提条件が整っているかを確認するため
の質問から始まる「先行連鎖」が生じることがある。こうした先行連鎖で
は、本体となる依頼や要求が生起する前に、先行質問が生起した時点で、聞
き手が次にどのような依頼や要求が来るかを予測し、これらの依頼や要求
に先回りして回答することも見られる（Levinson, 1983）。同様に、ここでの
「懸念導入表現＋質問」も要求を含意する間接言語行為となっているので
はないかと考えられる。

　さらに、**事例5.6**では、要求に先行するものと判断できる質問さえなく、
代わりに、ある箇所についての現状の確認（「コンセントがいろんな刺され方を
してる」）だけが行われている（→）。しかし、この時点で応答者の笹島は、こ
れを懸念の解消を要求するものと捉えることによって、この問題の解決の
ために自身が想定していた解決策を素早く回答し始めている（⇒）。

　同様に、**事例5.7**でも、山田は現状の問題点に関する自身の認識を述べて
いるだけであり、明示的な要求やこれに付随する質問などは行っていない
が、応答者の笹島は、この問題を最もうまく解決するには「方眼しかない」

事例5.6 ［第22回RT_110715］⌁

> 向井：あ, ええと, 僕, **気になってるのが**, ええと, その ( ) ので, ええと, つくった,
> 　　　あの, あの, 電源, あのランプつくやつも,
> 　　　あの, アダプターを差す部分, あるじゃないですか.
> 田口：コンセント.
> 向井：コンセント.
> 笹島：うん.
> →向井：あれって, ええと, あれって, なんか, いまいろんな刺され方をしてる
> 　　　じゃないですか.
> 　　　なんか, こ, あの, イキ, イド⌁の中には, 僕が勝手に,
> 　　　僕が勝手にアンプに刺したりとか, いろいろしてるじゃないですか.
> 　　　あの辺がちょっと ( ).
> ⇒笹島：あの, ちょっと, あの, 実は, あの, 電気屋さんの方に, サインを, ちょっと, せい,
> 　　　あの, いま全部稼働試験をしたので, ちょっと, 整線を最後にやりたいですよ.
> 向井：うん, うん.
> 笹島：で, ち, ちょっとあのう, 什器⌁を, こう何回か動かしてみて,
> 　　　初めてここまで, なきゃいけない長さと, なくてもいいっていうのが,
> 　　　あの, やってみて, やっぱ分かってきたのもあるので.
> 向井：うーん.
> 笹島：ちょっとそれを踏まえて, 最後には必ず, 全部整線と,
> 　　　どのコンセントにどれかという, こう統一感,
> 山田：うん, うん, うん.
> 笹島：にはしたいと思っています.

と、解決策を提案し始めている (⇒)。

　以上見てきたように、懸念導入表現は、同一ターン内に解消に向けた明示的な要求（**事例5.1**）や要求に先行する質問（**事例5.5**）を含んでいなくても、それ自体が間接言語行為として、懸念の解決を要求する力を持っており[9]、これによって、「懸念表明－解消」という発話連鎖を開始し構成しうるものとなっていると考えることができる。この懸念表明－解消連鎖の構造を利用して、5.4節では、傍参与者の積極的な参与について確認していきたい。

事例5.7　[第23回RT_110722]☞

山田：いま, **気になってるのは**, コンテンツ☞側でも, えっと,
　　　表示がずれてるじゃないですか.
　　　つまり, ソフトを使って合わせ込むという, 合わせ込みが成功してなくって,
　　　ずれてるとこもありますよね.
　　　あれは, 直さなきゃいけないって思いが, 絶対どこかにあるんです.
　　　で, ええと, ほんとだったらプロジェクター☞を再調整して設置して,
　　　それに合わせてコンテンツの表示パラメーターを合わせてくっていう作業と,
　　　そもそも, いま合ってないやつを合わせてくっていうやつを1回にできると
　　　一番いいんだろうという気はするんだが,
　　　どっちが合ってないのか分からないっていう嫌な状況が起こるので,
　　　どうしたもんかなあっていう感じですね.
笹島：そうですね.
　　　いま, うちで, こう, 合わせてた時に, 一番, こう,
⇒　　うちが合ってるか, 合ってないかって分かりやすいのは, やっぱり方眼しかない.
山田：うん, うん, そうですよね.

5.3.3　懸念の解消

　直前では懸念表明-解消連鎖というものの存在を確認した. しかし, 本章の対象データのように, 継続的なグループ活動の一環として複数回のミーティングが連続して行われる場合, 表明された懸念事項は必ずしも常に当該のミーティングの最中に, その会話連鎖の中で解消できるとは限らない. むしろ, 担当者が懸念への対処を「約束」していることや, 懸念解消のための方法やスケジュールに関する「合意」が得られていることなどをもって, 当該の会話位置では懸念が暫定的に「解決」したとみなさなければならないことも多い. そこで, ここでは当該の会話連鎖において懸念が実際に解消されている場合とこのような意味で解消の見込みが共有され, 当該の会話連鎖が終結した場合の両方を懸念の「解消」の中に含める.

　各事例において, この意味で懸念が解消されたかどうかを分析したところ(**表5.2**), 当該会話連鎖が「解消」まで到達している例が41例だったのに対して, 懸念が解消できなかったり, 懸念が解消されないまま話題が変わっていき, 解消がうやむやになったりする例は6例と非常に少なかった.

また、以前に存在していた懸念点が当該時点までに解消済みであることを報告する発話の中で懸念導入表現が用いて行われる場合もあり、これらの箇所ではそもそも懸念解消に向けた応答や対処は不要なわけであるが、こうした事例も15例と多くはなかった。

表5.2　導入された懸念の解消

解消	41
解消せず・解消不明	6
不要	15
計	62

　次の**事例5.8**では、笹島が導入した懸念事項に対して、田口がこれを解消するのに必要な情報をすぐに入手するために一時退席するという積極的な対応が見られており、約20分後に田口が戻った後にこの話題が再度持ち出され、懸念が解消されるに至っている。なお、この事例についても、5.5.2節で別の角度から再度検討する。

　このように、懸念導入表現によって会話に導入された懸念事項については、他の参与者によって実際にそれとして認識され、参与者間でのやりとりを通じてその解消が目指されるのが一般的である。言い換えれば、懸念導入表現はあるメンバーが発見した問題を議論すべきアジェンダとして会話の場に導入するものであり（5.2.1節）、他のメンバーがすぐに懸念の解消に向けた応答やその他の行動を行うということも、提起された問題がアジェンダとして承認されたことを裏づけているといえる。このことから、懸念導入表現はあるメンバーによって表明された問題を他のメンバーが共有し、問題解決に向けての協同を開始するための有効な方法になっているといえるだろう。この点の持つ重要性については、5.7節で改めてより広範な視点から議論することにしよう。

　ただし、上述のように、提起された問題に対する他の参与者による協議が直後に義務的に生起するとしても、だからといって、こうした問題はその場ですぐに実際に解決できるものばかりとは限らない。そこで、第7章では、あるミーティングの最中に提起された問題が当該のミーティングの中で徐々に明確化されていき、解決方法については合意されるに至るもの

事例5.8 ［第16回RT_110603］

笹島：【懸念表明】ちょっと1つこの上で**気になっているのが**, 夏の対応, 電気容量を下げる抑制の, ★1
　　　((平泉が同僚の傍参与者田口に視線★2))
山田：【対応】田口さん, その辺の状況ってなんか, 情報持ってます？ ★3
田口：【対応】あんまり持ってないんだけど, 偵察して来ます.
　　　((情報収集のため一時退席))★4
　　　　　：
　　　((約20分後, 笹島が話題を戻す))
笹島：で, さっきちょっと田口さん確認いってくれた件は確認取れなかった, 停電, 夏休みの.
田口：【解消】あ, 夏休み期間中なんですけど, フルオープン.

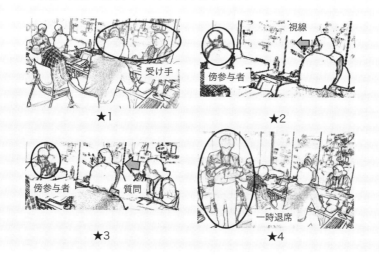

の、実際の解決は後日の工事現場での検証に委ねられる、という一連のエピソードについて、エスノグラフィー的な観点も含めた分析を行うことにする。

5.4　懸念表明−解消連鎖の参与者

前節までに特定した懸念導入表現を含む発話連鎖構造を用いて、本節では、5.1節で掲げた2つの作業仮説のうちの2の「懸念導入表現が用いられる際には、それまでミーティングに必ずしも中心的に参加していたわけで

はないメンバーもやりとりに加わるようになるのではないか」という点について検証していく。これは第4章で掲げた疑問の解明ともなる。

5.4.1　懸念導入表現が生起する談話区間の傾向

まずはじめに、全般的な傾向として、懸念導入表現の生起が4.3.4節で求めた各談話区間の順位得点や発話得点と関連しているかどうかを確認してみる。ただし、ここでの分析では、トータルでの発話率が1位の笹島については、議長という発話量の多い特別な役割を担っており、また、議事録や資料を参照したモノローグ的な場面での使用例も多いため（5.3.1節）、他の参与者とは区別して扱うことにする。

表5.3のうち、まずa列の「発話得点による判定」は懸念導入表現が含まれている談話区間（RTを5分間隔に区切った単位。4.3.2節参照）（「区間n」とする）の発話得点が当該回のすべての談話区間の発話得点の平均（4.3.4節参照）を上回った区間の個数、b列の「発話者順位」は当該区間における当該話者の発話量の順位の平均である[10]。aの「発話得点による判定」からは、議長役の笹島を除く限り、懸念導入表現が生起する談話区間nでは大局レベルでの周辺メンバーがより多く発話しているという傾向がはっきりと分かる(9/11)[11]。

表5.3　懸念導入表現生起区間での発話得点と順位得点

	度数	a. 発話得点による判定	b. 発話者順位		
		区間n	区間n-1	区間n	区間n+1
笹島以外	11	9	3.9	2.0	3.5
笹島	6	1	1.3	1.2	1.2

ただし、この傾向はあくまで懸念導入表現が含まれる「区間」についてのものであり、実際にこの懸念導入表現を誰が発しているかを特定した分析ではないため、「当該区間（付近）では周辺メンバーの参与が増加する」ということまでしか言えない。そこで、次に、bの「発話者順位」について、懸念導入表現の発話者の前後3つの談話区間での順位の変動を見る。第4章で述べたように、これらの分析で焦点とすべきなのは、中心的に発言してい

る2人の参与者以外の「3人目」の参与者の動きであるため、ここでも、当該参与者が区間n-1に上位3位までに入っていないことと、区間nにおいては区間n-1よりも順位が上昇しているかどうかという点が焦点になる。結果として、「笹島以外」の場合において、懸念導入表現の発話者の発話者順位が連続する3つの談話区間で3.9→2.0→3.5と変動していることから、当該の参与者が実際に当該表現の生起する直前には傍参与者であったが、当該表現が用いてられている区間ではこの順位が上昇し、より中心的に参与するようになってきているということが読み取れる。

　しかしながら、この分析でもまだ、当該の談話区間において懸念導入表現が使用されていることとこれらの区間で大局レベルでの周辺メンバーや会話の局所レベルでの傍参与者がより積極的に会話に参与していることとの間に一体どのような結びつきがあるのかという肝心の点は分からないままである。そこで、次節では、この点について解明するため、すべてのRTでの懸念導入表現の事例について、これが生じている会話箇所の連鎖構造や参与構造に関するより詳細な分析を行うことにする。その際、特に多人数会話では誰が受け手であるかも重要になるため、これらの表現の発話者だけでなく、これに対して誰がどのように応答しているのかも考慮しながら分析する。

5.4.2　懸念表明－解消連鎖への参与者の特定

　ここでは、すべてのRTでの懸念導入表現70例のうち、1人称の用例62例を対象に、5.3節で特定しておいた懸念表明－解消連鎖の構造を用いて、懸念導入表現によって開始される会話連鎖においては傍参与者が積極的に発言している、という傾向が実際に見られることを明らかにしたい。

　分析手順としては、まず、参与者Xが発した懸念導入表現の連鎖上の生起位置に基づき、その直前の会話連鎖とそこでの発話者を特定しておく（**図5.1**の手順①）。この直前の会話連鎖は基本的に2人（参与者A、Bとする）（資料説明などのモノローグでは1人の場合もある。5.2.1節参照）の発話によって構成されていると考えることができる。次に、5.3.2節で明らかにしたように、懸念導入表現はその受け手からこれに対する応答を引き出す力があると考えられるため、次話者として選択されている受け手を特定し、Yとする。さ

らに、5.3.3節で述べたように、懸念導入表現によって会話の場に導入された懸念事項は何らかの形で「解消」されることが志向されているため、次話者として選択されたYが応答しなかった場合やそもそも次話者が明確に選択されていなかった場合に、その解消のために発話した参与者をZ（2人以上の場合もありうる）として特定することができるようになる（以上、手順②）。最後に、直前の会話連鎖での発話者A、Bと懸念導入表現の発話者X、これによって次話者として選択されたY、Y以外に懸念解消のために発話しているZのそれぞれとが一致しているかどうかを確認し、X、Y、ZがすべてAかBに一致している場合の懸念導入－解消連鎖を「1～2者」、X、Y、Zのいずれかがやや以外の参与者である場合を「3者以上」として区別する（手順③）。つまり、「1～2者」の場合、この部分では直前とは参与構造が変更されず、傍参与者は発言していないのに対して、「3者以上」の場合には直前まで傍参与者だったメンバーが、懸念導入表現の話し手Xとなるか（「傍参与者が表明」）、懸念導入表現によって選択された次話者Yとなるか（「傍参与者へ」）、次話者として選択されていたわけではないが懸念を解消するための発話を行っているか（Z）（「傍参与者が回答」）[12]のいずれかの役割を担って参与しているということになる。

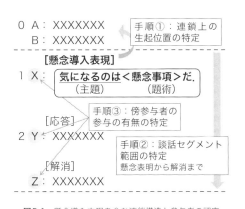

図5.1 懸念導入表現を含む連鎖構造と参与者の認定

　この基準によって懸念導入表現から開始される連鎖に傍参与者が参与しているかどうかを認定した結果が**表5.4**である。「傍参与者が表明し傍参与者が回答」する事例については、「傍参与者が表明」と「傍参与者へ」のいず

れとも区別して独立に集計している。ただし、ここでの分析でも、トータルでの発話率が1位の議長役の笹島については、他の参与者とは区別した集計結果も示すことにする。

表5.4 懸念導入−解消連鎖における参与役割

	参与役割の分類	全体	笹島	笹島以外
3者以上	傍参与者が表明し （別の）傍参与者が回答	5	1	4
	傍参与者が表明	12	1	11
	傍参与者へ	10	3	7
	傍参与者が回答	9	6	3
	小計	**36**	11	25
1〜2者	変更せず	**26**	13*	**13**
計		62	24	38

　笹島を含む「全体」の場合でも、傍参与者が参与していない「1〜2者」（26例）より傍参与者が懸念の表明や解消に参与している「3者以上」（36例）の方が多く、この傾向は笹島を除外すると、それぞれ13例と25例と、さらに顕著になる[13]。このことから、懸念導入表現については、これが傍参与者によって表明されることや、この懸念の解消に貢献するための発話を傍参与者が行う場合などが実際に多く見られることが確かめられたと言える。

　しかし、懸念表明−解消連鎖において、傍参与者が積極的に発言するのはそもそもどうしてなのであろうか。第1章で述べた問題意識を改めて確認しておくならば、本書が知りたいと思っていることは、傍参与者として「誰が」発言するかではなく、その傍参与者がその位置で発言するのは「なぜ」なのか（Why that person now?）であるはずなので、この点についてさらに考察していく必要があるだろう。ここからは直接目に見えるものではないという意味での「水面下」（第2部冒頭の**図II.1**参照）に徐々に目を向けていくことになる。

5.5　懸念導入表現とメンバーの職能

　これまで述べてきたように、懸念導入表現は一連の懸念表明−解消連鎖

を開始する契機となる。しかし、この連鎖の第一部分の懸念表明も第二部分以降の解消も、メンバーならば誰でも等しく行えるものであるわけではないだろう。この点について、ここでは多職種チームの特徴である、各メンバーの持つ職能の違い(**図5.2**)(第3章の図3.8の再掲)という観点から検討していく。

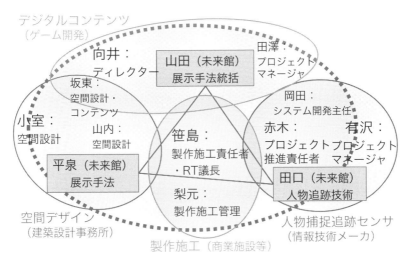

図5.2 ラウンドテーブル(RT)の主要メンバーと組織役割(再掲)
(中心に近いメンバーほど高い頻度で出席・発言。
文字が大きいほど各企業・機関間での職階が高い。)

5.5.1 職能に基づく予測

次の**事例5.9**では、懸念事項として、展示完成後に生じるかもしれない望ましくない事態が想像に基づいて述べられている(第3部)。赤木はセンサ☞担当の中心人物であり、センサに関する知識や運用経験に基づいて、現実にはまだ生じていない「将来ありうべき問題」を予測している。ロスト☞状態(3.1節)になった入場者は、入口付近に設置された迷子センター☞を操作して自分のミー☞を再表示させることができるが、一度に大勢の来場者がロストになり、迷子センター周辺に人が殺到するし、本来はロストに対応するために設置された迷子センターの周辺でさらなるロストが生じてしまうという悪循環が予想される(第3章参照)。この懸念事項は第8章の**事例**

8.1と同様のものでもある。実際にこの問題は完成後の展示でも観察されており、この「悪い予感」は的中することになるわけだが、この発言は製作フェーズの初期のものであり、他のメンバーはセンサの仕組みや挙動上の特徴を十分に把握できているとはいえないため、この時期にこの懸念を表明できるのは赤木ら当該企業のメンバーに限られると考えるべきであろう。

事例5.9　[第6回RT_110325]

赤木：【懸念表明】あの, ちょっと気になるのは, ★1
　　　迷子センターの, ここにこう後ろに人が並ぶようになっちゃうのかなって,
　　　ちょっと思ってまして, そうすると, なんか, ここの,
　　　この入り口の付近, なんかここにやたら人が固まりやすいのかなって,
　　　ちょっとこれは見えてしまうんですけど.

★1

　こうした問題提起の際に懸念導入表現「気になる」が多く用いられるのは、「客観的」判断ではなく、あくまで「個人の主観」を述べたものと受け取られるようにするためなのではないかとも考えられる。しかし、さらに踏み込んで考えると、例えば主要メンバーの1人である赤木による「気にしている」の用例では、その主語が明示されているすべての例で、主語は単数形の「私」ではなく「われわれ」や「うち」のような複数形であった。おそらく、このことの背後にあるのは、各発言者が単なる「個人」としてではなく、所属企業などの「組織に属する者として」発言しているという事実であろう。つまり、「気になる」という表現は、客観的な言明が「できない」からやむを得ず用いられているのではなく、むしろ、これによって、発言者が自身の職

務上の立場を他のメンバーから積極的に差別化し、立場ごとの利害関心の対比を顕在化させるために積極的に採用されているのではないかと考えられる。従って、懸念導入表現は、懸念事項を単に「解消すべき課題」として導入するというだけでなく (5.2.1節)、この問題に対する関係者間の利害関心の調整を働きかける役割も果たしているのではないかと考える必要がありそうである。

5.5.2　職能に基づく傍参与者の積極的参与

引き続き、発言者の持つ職能という観点から事例を見ていこう。次の**事例5.3**(再掲)では、直前までは展示の構造的強度についての話題が主に笹島と山田の間で続いていたが、この連鎖が終結した時点で、それまで傍参与者であった山内が、話題になっている展示内の箇所に関連するものの、構造的強度ではなく、意匠についての連鎖を開始している。

事例5.3　[第3回RT_110223](再掲)

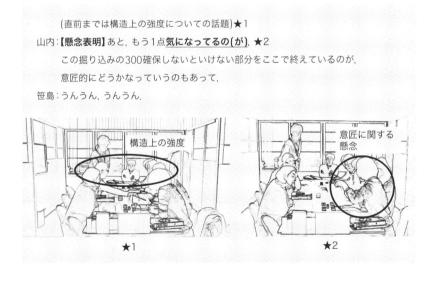

```
            (直前までは構造上の強度についての話題)★1
山内：【懸念表明】あと, もう1点気になってるの(が), ★2
     この掘り込みの300確保しないといけない部分をここで終えているのが,
     意匠的にどうかなっていうのもあって,
笹島：うんうん, うんうん.
```

山内がこの懸念表明を行うことができるのは、直前の**事例5.9**と同様、山内が空間デザインの担当者であり、直前の議論の影響が自身の担当する職務にどのように関わる可能性があるかを推測する能力と責任を有してい

ることによるものだと言えそうだが、**事例5.9**と異なるのは、山内はこの時点までは傍参与者であったという点である。既に5.4.2節で確認してあるように、懸念導入表現を用いて懸念事項を表明するのがそれまで傍参与者だったメンバーであることは多い（**表5.4**の「傍参与者が表明」に対応）。

さらに、これも既に5.4.2節で確認したように、懸念を表明する発話者だけでなく、表明された懸念に対応する側の参与者についても、懸念の解消にはやはり傍参与者が多く関与している。次の**事例5.10**では、その直前までは笹島のやりとりの相手は未来館スタッフの平泉だったのに対して、この発話ではその適切な応答者として、これまで傍参与者だった田口が新たに次話者として選択し直されているように見え（**表5.4**の「傍参与者へ」に対応）、実際、田口も適切に即答している。

事例5.10　［第1回RT_110207］☞

笹島：それで，一つちょっと**気になってるのが**，[1]
　　　ま，一応仮囲い☞のボードが9.5[2]なんで，準不燃[3]，になるんですが[4]，
　　　仮設の仮囲いの場合[5]，準不燃でいいのか．
田口：準不燃，(はい)．
笹島：で，大丈夫ですかね．はい，分かりました．
田口：一応不燃材だと大丈夫なんですよね．

この場面ではカメラアングル的に笹島の視線の方向は部分的にしか特定できないのだが、まず笹島の発話には「準不燃」と「なるんですが」のそれぞれの直後の位置でやや目立つ休止が見られる[3][4]。一方、田口は笹島の懸念導入表現「気になってるのが」の直後[1]に手元のノートPCの画面から視線を上げて笹島に視線を向け始め、「9.5」の直後では笹島に視線を向けたままうなずき[2]、「準不燃」の直後で手元の資料への記入をはじめる[3]。「なるんですが」の直後の休止[4]は2秒以上の長いものであり、その間平泉は笹島に視線を向け続けているものの、笹島が発話の後続部分の「仮設の仮囲いの場合、準不燃でいいのか」という質問を再開するのはメモを取っていた田口の視線が再度笹島に向けられた瞬間であり、この質問に言語的に応答するのも田口である。一方、平泉はこの質問部分の途中で笹

島から視線を外し[5]、田口の応答発話が開始されてからそれに同調するように複数回うなずいている。田口も平泉も未来館スタッフであるという点では同じなのだが、笹島は特定のこの懸念の解消については、未来館スタッフの中でも特に施設関係に詳しい田口の方がより適切な回答者であると判断しており、田口と平泉もまた、それぞれの役割を同様に認識していたのだと考えられる（2.2節参照）。

　この事例では、懸念導入表現の話し手がその適切な受け手として傍参与者を選択していたのに対して、次の**事例5.8**（再掲）では、笹島による懸念導入表現の受け手となっていたのは山田と平泉だったのだが、彼らはこの懸念を解消するのに必要な情報を持っていなかったため、同じ未来館スタッフである田口に対して、笹島の発話途中からまず平泉が視線を向け、次いでこの発話の直後に山田が応答をパスして（Jefferson & Schenkein, 1978）、最終的に田口に明示的に呼びかけている（**表5.4**の「傍参与者が回答」に対応）。5.3.3節でも述べたように、このようにして懸念の解消を託された田口はミーティングを中座して情報収集を行うことによって、この回のRTの最中にこの懸念を解消させることに成功している。その意味では、平泉や山田が田口を回答者として選択させようとしたのは適切な判断だったといえるだろう。

　さらに、次の**事例5.11**でも、山内の発話の最中に笹島だけが何度か音声によるあいづちを発していることから、山内による懸念表明の当初の受け手は笹島だったと思われる。しかし、実際には、笹島が応答を開始するより前に、現場責任者の梨元が代わって応答を開始している（ただし、内容的には、山内による要望は残念ながら叶えられないというものではあるが）（「傍参与者が回答」）。

　ここでも、組織的な所属だけでいえば、当初の受け手だった笹島と結果として回答した梨元とは同じ企業に所属する施工担当者ではある（**図5.2**参照）。しかし、より現場に近い梨元の方が現場工事のそのつどの現状をより正確かつ詳細に把握しているため（2.2節参照）、こうした傍参与者の立場からの回答が可能になっているのだと考えられる（この事例に関する議論としては高梨（2016）の第6章も参照）。さらに詳細に見ると、梨元は山内の発話の開始当初には山内に視線を向けず手元の資料に視線を落としていたが（第6章の関与配分についての議論も参照）、「リブを開けてしまったり」という、工事

事例5.8 ［第16回RT_110603］（再掲）

笹島:【懸念表明】ちょっと1つこの上で**気になっているのが**, 夏の対応, 電気容量を下げる抑制の, ★1
　　　((平泉が同僚の傍参与者田口に視線★2))
山田:【対応】田口さん, その辺の状況ってなんか, 情報持ってます？ ★3
田口:【対応】あんまり持ってないんだけど, 偵察して来ます.
　　　((情報収集のため一時退席))★4
　　　　　　　　　　：
　　　((約20分後, 笹島が話題を戻す))
笹島:で, さっきちょっと田口さん確認いってくれた件は確認取れなかった, 停電, 夏休みの.
田口:【解消】あ, 夏休み期間中なんですけど, フルオープン.

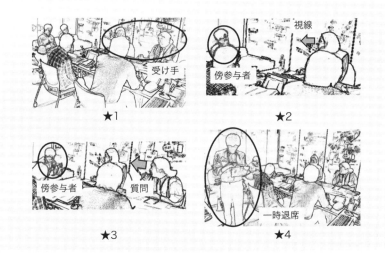

の進行状況に関わる内容の発話を聞いた瞬間に視線を上げて山内に向けている。このように、たとえ傍参与者の立場にあっても、各メンバーは現行の話題が自身にどのように関わるものであるかについては驚くほど正確に判断していることが分かる。これが本章の最初に述べた、懸念導入表現が用いられた際に生じる「ざわつき」のようなものの少なくとも一因になっているのだと考えられる。

事例5.11　[第19回RT_110624]

((先行話題は什器搬入・塗装スケジュールの調整，主に施工，センサ，コンテンツが対象))★1
山内：【懸念表明】あ，ちょっと，後，それに合わさって気になってるのが，★2
　　　あの，ナガメのカサ・・・設置っていうのが，24日，25日で予定されてるのが，
笹島：はい．
山内：リブを開けてしまったりしたら，★3 位置の移動が不可能になってしまうので，
梨元：【対応】ナガメのカサも移動します？　いま，もうリブの方は開口しちゃってます．

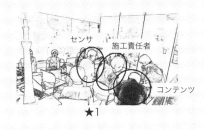

5.6 懸念表明－解消連鎖と成員カテゴリー

5.6.1 職能に基づくカテゴリー付随活動

　前節で分析した事例について，それぞれの懸念導入表現の使用の背後にあるメンバーの職能に着目しながら，改めて振り返ってみよう．まず，**事例5.9**では，発話者の赤木はセンサ担当の中心人物であり，その専門知識や運用経験に基づく想像によって，現実にはまだ生じていない「将来ありうる問題」を予測し，懸念事項として表明していた．同様に，**事例5.3**では，懸念導入表現の直前までの笹島（施工）と山田（未来館）の間での建造物の構造的強度の問題についてのやりとりに対し，山内は先行する会話部分はやや異なる「意匠」という観点からの懸念を表明していたが，これも山内が空間デザインの担当者であるという観点から理解できるものであった．このよう

に、懸念導入表現の使用の背後においては、多職種チームのメンバーごとに異なる職能に基づく、「潜在的な問題の存在に気づく」能力が働いているのが分かる (5.7節、5.8節)。

　さらに、その他の既出の事例についても、例えば**事例5.1**と**事例5.5**については「施工責任者として」、**事例5.7**については「展示手法統括として」というように、懸念導入表現の大半の事例において、それぞれの発言者が「何者として」(高梨、2016) 懸念を表明していると記述すべきかを、**図5.2**のような組織役割を参照することによってある程度適切に規定できるように思われる[14]。これは、各発言者がそれぞれの職能を担う「組織に属する者」として発言していると見なすことができるということであり、これらの発話は、提起されつつある問題を発見する責任や能力が、発言者の持つ当該の職能に帰属されるべきものであるということを意味している。このことからも、「気になる」という表現は、これによって発言者が自身の職能上の立場を他のメンバーから積極的に差異化し、立場ごとの利害関心の対比を顕在化させるために用いられているのではないかと見なすことができるようになる (5.5.1節)。これは、懸念導入表現「気になるのは」が懸念事項を単に「議論すべきアジェンダ」として導入するだけでなく、この問題に対する解決を関係者に「要求」する役割も果たしているという会話連鎖構造に関する事実 (5.3節) の背後にあるメカニズムを説明するものである。

　以上のことをさらに理論的な観点から整理してみよう[15]。まず、RTのメンバーが、各自の職能に基づいて何らかの潜在的な問題に気づき、懸念導入表現などの方法を用いてこれを表明することは、当該の職能をもつ参与者にとっての「カテゴリー付随活動category bound activity」(Sacks, 1972b) であると見なしうるのではないかと考えてみる。カテゴリー付随活動とは、ある特定のカテゴリーに属する者によって行われることが社会的に期待される活動のことである。すると、カテゴリー付随活動が「成員カテゴリー化装置membership categorization devices」(Sacks, 1972a, b) の一部をなしていることから考えれば、「懸念を表明する」というカテゴリー付随活動を行う発言者の属性を、当該の懸念点に気づく能力とこれを表明する責任とを持つ特定のカテゴリーによって記述することが適切であることになるだろう。これは成員カテゴリー装置の一部である「経済性規則economy rule」、すなわち、「任意の成員カテゴリー化装置の要素である個々のカテゴ

リーは一人の成員を適切に指示できる」によって説明できる。さらに、ある
メンバーがある特定の成員性に基づいて行った懸念表明に対して、別のメ
ンバーがその成員性に基づいて懸念事項の解消のための適切な行動を取る
という点についても、カテゴリー付随活動と「一貫性規則consistency
rule」、すなわち「ある成員があるカテゴリーによって記述されたとき、他
の成員も当該のカテゴリー集合に属するカテゴリーによって指示されなけ
ればならない」と対応していることが分かってくる。このように、会話の連
鎖構造としてみた懸念表明－解消連鎖はそれぞれの発話者の持つ成員カテ
ゴリーの組み合わせと表裏のものであり、こうした成員性を動因として形
成されていくものなのではないかというイメージが沸いてくるだろう。

　さらに、このような観点からは、5.4節で分析した、懸念導入－解消連鎖
の際にしばしば傍参与者が参与するようになるという点についても、次の
ように体系的に理解できるようになるのでないかと考えられる。

1. 懸念導入表現の発話者は当該の懸念事項に関連したカテゴリーA（例
   えば「発注者」）に属する者として発言する（カテゴリー付随活動）。これ
   は、当該の発話者が自己選択によってターンを取得する場合や直前
   の話者が別の参与者を次話者として選択していた場合などにも（何ら
   かの有標化の手続きを用いれば）許容可能となる。
2. 懸念導入表現への応答者はこのカテゴリーAと同じカテゴリー集合
   における対になるカテゴリーB（「受注者」）に属する者として発言する
   ことが期待されるようになる（一貫性規則）。
3. 応答者の発言内容もまた、このカテゴリーBにとって適切なものであ
   ることが期待されることになる（カテゴリー付随活動）。従って、次話者
   選択された参与者が十分な回答ができない場合や、傍参与者が自分
   がより適切な回答ができると考えた場合には、回答を行うことも許
   容可能なものとなる。

　これらの点を踏まえて、4.1節で紹介した理論的問題に立ち戻ってみよ
う。そこで問題となっていたのは、一般に、順番交替システムと隣接ペアの
間には、

・順番交替システムにおけるターン割り当て部が「誰が次話者になるか」を決める。

・隣接ペアの第一部分が条件的関連性によって第二部分として「どのような発話（行為）を行うべきか」を決める。

という役割分担があるものの、これらの観点だけでは、会話内のある連鎖上の位置において、ある特定の参与者が特定の内容の発話を行うことの「適切性」を説明することはできない、ということであった。しかし、繰り返すならば、フィールドワーカーとして、調査の初期には分からなかったが、調査や分析を通じて徐々に分かるようになってきたと実感を持って感じるのはまさにこの「その発話」と「その人物」との間の結びつきの適切さなのではないだろうか（第1章）。この問題について、上記のように成員カテゴリー化装置というアイディアを参照するならば、懸念を表明する発話とこれを解消するための発話などを行うのが他ならぬ当該のメンバーであったのはなぜなのか（Why that person now?）という点が体系的に理解できるようになるのではないかと思われる。

5.6.2 懸念導入表現を用いた配慮と協議

　以上で見てきたように、懸念導入表現は発言者にとっての懸念事項を表明し、これをグループにとって解消すべき問題として会話の場に導入するという役割を果たしており、他の参与者もこれに対する積極的な配慮と対応を示すのが一般的である[16]。こうした一連の懸念の表明と解消に「配慮」という観点が関わっていることは、やはり懸念導入表現が用いられている次の**事例5.12**などからも明らかになる。この事例では、センサ☞担当者の赤木が自身の立場からの懸念事項を述べているが、実はこの懸念事項は展示制作を共同で行っているコンテンツ☞グループのメンバー（向井ら）が困るのではないかという、いわば他者の懸念に先回りしたものともなっている[17]。

　同様に、次の**事例5.13**でも、笹島は赤木の抱くであろう懸念に先回りしており、懸念導入表現が2人称での確認質問の形で用いられている。ただし、この事例では、笹島は単に赤木への配慮を示しているのではなく、この

事例5.12　［第20回RT_110701］↻

赤木：うち, うちが **気にしてるのは**, えーと, とにかく, この3, 4, 5に,
　　　向井さんたちが作業やったときに, 結局, ないところで何か起きちゃうと,
　　　結局, えーと, それが問題なのか正常なふるまいなのかっていう切り分けに,
　　　翻弄されちゃうでしょう, っていう思いがあるんですよ.

向井：うん, まあ, なりますよね.
田口：3, 4, 5が○○さん((赤木らの社名))がお休みだから.
赤木：うん, うち, うちがいないから, 特に.
向井：あ, そうか.
赤木：うん, で, それを, うちはすごく気にしてるんですよ.
　　　ま, で, それでね, 向井さんが, その3, 4, 5, あの, 変な言い方ですけど,
　　　どういう使い方したいですかっていうのが聞けると,
　　　もう少しこう, 何かあるかなとは, ちょっと思ってるんですけど.
　　　われわれ, ちょっとそこを気にしてます.
向井：そうですか.
赤木：はい.
向井：えっと, ありがとうございます.
　　　えっと, その, そのとおりで, なんで, いいと思います.

配慮が自分自身の懸念事項である「構造上の強度」という問題と両立させるのが難しいものであることも主張している（→）という点が興味深い。つまり、ここでは、センサの精度についての懸念を持つセンサ担当者としての赤木と造作物の構造的な強度についての懸念を持つ施工担当者としての笹島の間に潜在する利害関係を積極的に明らかにした上で、これをどのように調整するかという点がまさに協議の焦点とされているのである。

このように、懸念表明－解消連鎖では、単に個別の懸念事項の解消が図られるだけでなく、これに関連するカテゴリーの成員間での相互理解と調整も図られている場合が多いと考えられる。その意味で、懸念表明者と応

事例5.13 ［第2回RT_110218］

笹島：だから，一番**気になるのは**，こういう脚ですよね．
赤木：そうですね，脚ですね．うん．

笹島：脚が4本出るんじゃなくて，ほんとは1本で立ってもらえれば，
　　　まだいいよっていうイメージ．
赤木：そうですね，はい．
→笹島：だけど，それは構造上ちょっと，
赤木：そうですね．うーん，あの．
→笹島：で，怖いんですよ．
赤木：そうですよね．倒れやすいですよね．ポキっていきそうですよね．
山田：そうか，そうか，そうか．
　　　細いものが何本もあるよりは，でっかいものが1個あった方が．
赤木：はい．まだいい．

答者の成員カテゴリーとは互いに独立に存在しているのではなく，当該の懸念の解消という協同活動という枠組みの中で対となって機能するものなのだと考えなければならない。このことからも，懸念表明－解消連鎖においては，それぞれの連鎖上の位置での各参与者の発話がそれぞれにとってのカテゴリー付随活動と見なせるというだけでなく，両者の間に成員カテゴリー化装置のうちの「一貫性規則」が当てはまるという点が確認できる。

図5.3は懸念表現「気になる／する」と懸念導入表現「気になる／するのは／のが」(5.2.1節) の各RTでの生起回数を示しているが，ここからは，これらの表現が製作施行フェーズの前半ほど多く生起していたことが分かる。こうした点からも，多職種のメンバーが，自分と相手がそれぞれ「何が気になる人か」を制作過程の早い時期から積極的に示し合い，配慮し合うことによって，相互理解を築いていこうとしているさまが伺える。

しかし，これですべての疑問が解消されたわけではない。確かに，組織役

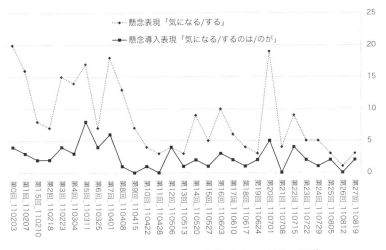

図5.3 全29回のRTでの懸念表現・懸念導入表現の生起度数の推移[18]

割ごとの職能に基づくカテゴリー付随活動という観点は、メンバーが潜在的な問題の存在に気づき、表明し、対処する能力と実践に関する説明にはなっているものの、この実践がなぜ「懸念」を表す「気になる」という表現を用いてなされるのかという理由までを説明するものとは言えない。そこで、本章の最後に、ほかならぬ「気になる」という表現の持つ意味について、組織論と情動論というこれまでよりもさらに広い視点から考察してみたい。

5.7 多職種チームによる協同問題解決

5.7.1 多職種チームによる協同問題解決という困難

以上で分析してきた懸念表明-解消連鎖とそこへの傍参与者の積極的参与には、A. 多職種チームによる、B. 協同問題解決、のためにメンバーが用いることのできる手続きとしてどのような特徴やメリットがあるだろうか。この点について、まずは組織論的な観点から検討してみたい。まずはじめに、Bの協同問題解決という点について概観しておこう。

第1章の冒頭で述べたように、今回調査対象とした展示制作過程のように、博物館展示の制作や新規ベンチャー企業の創設といった、未来の活動

を計画したり事物をデザインしたりする活動においては、展示などの「この世にまだ存在していない」対象物について、完成した対象物を参照することなしにそのイメージを共有し、完成後に生じるかもしれない問題点を事前に予測し、予防することが必要になる（詳しくは第3部参照）。

　組織行動論で名高いSimon（1945/1997）によれば、現実の行動には、(1)選択結果についての知識や予測の不完全さ、(2)将来のことについて選択結果と価値とを想像によって結び付けることの難しさ、(3)可能な代替的行動のうちのごく一部しか思いつけないこと、という限界があるが（邦訳p.145）、このうち、本書の議論にとって特に重要なのは(2)の「将来」に関する不確定性である。本書が対象としている展示制作ミーティングでは、当該の展示がまだ存在していない以上、そこで必要になる問題解決は「起こってしまった問題に対処する」形のものではなく、むしろ、完成後の展示や展示空間内での入場者の行動を予測しながら「起こりうる望ましくない潜在的問題を未然に発見し予防する」というリスク管理型のものとなる。さらに、この対象物が世の中に類似のものを見出すのが困難な新規性の高いものであるほど、「限定合理性」（Simon, 1945/1997）が高い状況となることが想像される。

　協同問題解決（植田・岡田、2000）についての多くの認知科学的研究では、高度に構造化された課題を被験者に課す実験室実験が主流であるが、富田・丸野（2005）は、こうした課題では、(1)適切な解が予め決まっている、(2)問題の前提条件や探索範囲が限定されている、(3)成否のフィードバックが与えられる、という点で、日常的問題解決を捉える課題状況としては適切ではないと指摘している。

　一方で、こうした解決志向の課題とは異なり、「問題発見」の重要性を強調する研究も行われるようになってきている（Suwa et al., 1998；山崎・三輪、2001）。経営・ビジネス分野においても、近年、問題発見の重要性（齋藤、2001；柴山他、2008；細谷、2015）が強調されてきている。一般に、問題解決研究では、「問題」を「現状と目標との間の差異」、「問題解決」を「この差異を埋める方法を見つけ出すこと」と定義するSimon（1977）の考え方が基礎として採用されていることが多いが、問題発見についても、「決定すべき問題の表現が発見されなければならない」ため、「問題を定式化することそれ自体が問題解決のタスクである」（pp.193–195）というSimon（1945/1997）の着想

が出発点となっていることが多い。しかし、Simon自身も含むこれらの研究においては、広義の「問題発見」と見なしうる現象の中に、「A. 潜在的な問題の存在への気づき」→「B. アジェンダ設定」→「C. 問題の表現・定式化」という3つの過程が混在しているのではないかと考えられる。

　まず、Simon自身が「問題発見」という表現で呼んでいるのは、上記のように、問題を解きうる形のものとして「表現・定式化」することである（上記C）と解釈できる部分が多い。経営・ビジネス分野における「問題発見」の代表例と言える齋藤（2001）もこの立場を踏襲していると言える。しかし、他方で、Simon（1945/1997）では、意思決定に関する古典的理論に欠如していた3つの基本的過程として、(1) アジェンダを設定する過程、(2) 注意を向けるよう選ばれた問題についての表現を獲得もしくは構築する過程、(3) 意思決定者がそこから選択する代替的行動を創出する過程、が挙げられている。ここには、上記の「C. 問題の表現・定式化」に相当する (2) だけでなく、これよりも一段階先行する (1) のアジェンダの設定（上記B）も含まれており、これも問題発見プロセスの一部を構成するものと見なされていると考えることもできる。

　ここでいう「アジェンダ設定」とはある問題を解決すべきものとして取り上げることであり、グループミーティングにおいては、ある参与者が問題を表明し、他のメンバーがこれを議題として承認するという過程に相当すると考えられる。これまでの事例で見てきたように、本書で分析対象としている展示制作のプロセスにおいては、問題の発見者がこれを単独では解決できないことも多いため、この問題を他のメンバーに向けて表明し、協同問題解決を働きかけることが必要になる。従って、グループによる問題解決の研究においても、この「アジェンダ設定」の過程を分析することによって、あるメンバーによって発見された問題が他のメンバーに向けて表明され、チームでの問題共有がなされていくという協同問題解決の出発的において、メンバーがどのような工夫を用いているかを解明することが重要になる。本章で分析してきた懸念表明－解消連鎖がこうした「工夫」のうちの有力な1つであることはおそらく間違いないだろう。

　しかし、一連の協同問題解決プロセスについては、さらに遡って考えることもできる。ミーティングにおいて、例えば懸念導入表現を用いて問題を表明したメンバーは、そもそも何らかの解決すべき潜在的問題が存在し

ているということにどのようにして最初に気づいたのだろうか。これまで
の研究で「問題発見」と呼ばれてきたのは上記のように「問題の表現・定式
化」か「アジェンダ設定」のことであり、この「最初の気づき」を対象とした
ものはほとんどないのだが、数少ない例として、Bransford & Stein (1984)
では、彼らの提案する問題解決手法IDEALの最初の段階として、「潜在的な
問題の存在に気づくidentify[19]」こと、すなわち上記のAの「潜在的な問題
の存在への気づき」に相当する段階の重要性が指摘されていると共に、問
題の存在に気づけない原因の1つとして、「現在の状態が後になって問題を
引き起こすことに気づかない」ことが挙げられている。この点は、目標とな
る展示物がまだ存在しておらず、また類似の既成物を探すのも難しいとい
う、本書で対象としているフィールドでの問題解決についての非常に重要
な指摘であるといえるだろう。

5.7.2 問題の表明を容易にする組織的工夫

次に、前記の2つの観点のうちのAの「多職種チーム」という観点につい
て考えてみよう。

職能の異なるさまざまな職種のメンバーからなる「多職種チーム」の重
要性は、近年医療や福祉などの分野で強く認識されるようになってきてお
り、多職種ミーティングも盛んに開催されている（篠田、2011；野中他、
2007）。職能の異なるメンバーは互いに異なる予測能力とリスク意識を
持っているはずであるため、この点はチームとしてのリスク管理の際の利
点となりうる。リスク管理に関して有名なReason (1997) の「スイスチーズ
モデル」を参照するならば、多職種性は複数の防護壁の穴の位置を揃いに
くくすると言える（**図5.4**）。

同様に、原子力航空母艦や航空管制システムといった高度なリスク管
理・対応が求められる高信頼性組織 (HRO) を調査したWeick & Sutcliffe
(2001) においても、複数の部門のメンバーが集まって構成されたチームに
は、それぞれの部門の利害や予想が異なっていることの結果として、「全体
としてより多くのことに気づく」ことによって事態を過度に単純化するこ
とが避けられていることが指摘されている。さらに、野中・竹内 (1996) は、
ある組織が複雑な環境に対応するためには、それと同程度の多様性が組織

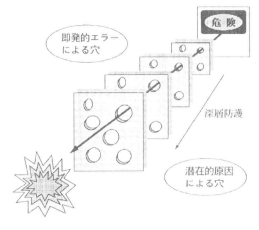

図5.4 スイスチーズモデル(リーズン1999、p.15、図1.5より)

の内部に備わっている必要があるという点を「最小有効多様性」と呼んで強調している。この点は「アナグラチーム」が多様な職種の連携から成り立っているという点だけでなく、チームの内部においてそれぞれの職種のサブグループに対応する「カウンターパート」(2.2節)となるように未来館のスタッフが配置されていることにも表れていると言えるだろう。

しかし、その一方で、多職種連携はいわば「異文化コミュニケーション」であり、職能や権限の異なる職種間では誤解や利害対立も生じやすいという大きな課題もある(高梨、2017b)。従って、多職種チームの強みを活かして、あるメンバーによって察知されたリスクが表明、共有され、他の職種のメンバーとの協同による問題解決へとつなげられていくようになるためには、それ相応の工夫も必要になってくるはずである。

この点について、まずはじめに、「気になる/する」がある種の評価的な表現であるように見える、という点を出発点としてみよう。この表現が何らかの問題の存在を示唆する評価的な表現であるという点は、例えば「問題だ」といった表現とも共通している。しかし、「問題だ」が対象となる事態がまさに「問題である」ということを主張する真偽の問える表現であると解釈されうるのに対して、「気になる」は当該の事態があくまで発言者(1人称の場合)にとって「気になる」ものであるということを主観的に表出したものと解釈されうるため、その真偽を問題にするのは不適当になる、という違いがある。

このことの持つ含意として特に重要なのは、「気になる」は対象となる事態に対する話し手自身の主観的な態度を述べるものであり、当該の事態自体の真偽が問われるものではないため、この懸念は「結果として外れてもよいことになる」という点であろう。次のような事例からは、話し手自身が「問題」の存在を必ずしも明確に確信しているわけではなく、ある意味

事例5.9 ［第6回RT_110325］（再掲）

赤木：【懸念表明】あの，ちょっと**気になるのは**，★1
 　迷子センターの，ここにこう後ろに人が並ぶようになっちゃうのかなって，
 　ちょっと思ってまして，そうすると，なんか，ここの，
 　この入り口の付近，なんかここにやたら人が固まりやすいのかなって，
 　ちょっとこれは見えてしまうんですけど．

★1

事例5.3 ［第3回RT_110223］（再掲）

(直前までは構造上の強度についての話題)★1
山内：【懸念表明】あと，もう1点**気になってるの(が)**，★2
 　この掘り込みの300確保しないといけない部分をここで終えているのが，
 　意匠的にどうかなっていうのもあって，
笹島：うんうん，うんうん．

★1　　　　　　　　　　　★2

ではあいまいな印象のような段階のものを表明している様子が伺えるだろう[20]。

Roberto (2009) は、オーストラリアなどの病院で導入されている、心停止に結びつきうる兆候に気づいた病棟看護師からの応援要請に対応する「緊急対応チーム」において、看護師が「誤った警報」を出してしまっても非難したり罰したりしない教育が行われることにより、結果として、心停止や死亡の例が減少していることや、逆に、問題が起こった組織では、上司が部下の懸念concernを取り上げなかったり、部下が自分の懸念を誰に伝えればいいのかが分かっていなかったため、正しい情報が正しいタイミングで正しい人の手に渡らないという問題が生じていたことを報告している。同様に、Weick & Sutcliffe (2001) でも、「安全文化」が浸透している組織では安全に関する重要情報の提供が奨励され、報奨の対象にまでなっている場合があることや、「報告する人が保護される」文化があることが指摘されている。

このように、リスク管理が重要になるチーム組織においては、メンバーが発見した懸念事項を表明しやすくする工夫が組織論上重要になるが、特にこの点において、「気になる」は「結果として外れていてもよい」ものであるため、メンバー自身にとって懸念事項を表明しやすく、使いやすい表現となっているのではないかと考えられる。その意味で、懸念表明－解消連鎖は「協同問題解決を多職種チームによって行う」ということに伴う本質的な困難を回避し、これらの特徴をメリットに変換することのできる実践なのではないかと考えられる。

より長期的な視点で振り返った場合、本書で調査対象としている『アナグラのうた』制作チームでは、目標が極めて革新的な展示の制作にあることや、そのために職能の異なる多くのメンバーの協同が必要であることが、メンバーが一堂に会しての最初の会合の機会であった「キックオフミーティング☞」(2.2節) などにおいてメンバーに意識づけられてきており、そのことが、懸念を表明することや表明された他のメンバーの懸念を互いに尊重するという「心理的に安全な場」(Edmondson, 2012) を形成していくのに大きな役割を果たしていたと考えられる。ただし、こうした意識づけも、やはり言葉による宣言だけでは、6ヶ月以上にわたる多職種間の協働の過程の中で徐々に風化していくことも避けられないだろう。これに対し

て、毎回のミーティングの場でさまざまな立場のメンバーから実際に表明された懸念が、そのつど的を得たものであり、また、他のメンバーによってそのように理解・対処されていったという経験の積み重ねは、そのたびごとに多職種連携に対するメンバーの意識を賦活し強固化していく、チーム形成の重要な装置としても大きな役割を果たしていたのではないかと考えられる。

5.8 情動とチーム

　ここまでは、懸念導入表現を焦点として、言語形式や発話の内部構造というミクロなレベルから議論を開始し、連鎖構造や参与役割のレベルでの分析、成員カテゴリーの視点からの説明、これらに伴う組織論的な考察、というように徐々に議論の視野を拡大してきた。しかし、逆にもっとミクロなレベルに再度視点を向け直さなければ、まだ何か肝心なことが分かっていない気もする。おそらくそれは「個人」というレベルである。

　そこで、結果として誤りだと判明することになる警報を奨励するという、上述のような組織レベルでの実践は、実は個々人レベルにおける「情動 emotion」の働きと連動することによってはじめて有効に機能しうるのではないかと考えてみよう。ここでいう「情動」とは、主体が外界の事象に対して持つ心的状態であり、結果として危険でなかったり重要でなかったりすることもあるという意味では「ラフ」だが、素早い対処行動を可能にする機能を持つ。情動の持つこうした役割は戸田 (1992/2007) の「アージ理論」や Damasio (1994) の「ソマティック・マーカー仮説」、LeDoux (1996) の情動モデルなどにおいても夙に強調されているところである。例えば戸田 (1992/2007) は、「恐れ」のような情動は対処行動選択に対する時間圧の高い野生環境の特徴に適合した適応行動選択システムとしての「野生合理性」を持つと考えている[21]。

　上述の「ラフ」というのは、より理論的に言えば、「理想状況の下では必ずしも合理的に最適だとは限らない」と言い換えることができると思われるが、だとするならば、戸田 (1992/2007) 自身も言及しているように (p.53)、これはまさに Simon の言う「限定合理性」(5.7.1節) のことに他ならない。実際、Simon (1945/1997) 自身も、「われわれは注意を特定のタスクに配分す

ると同時に、あるタスクがリアルタイムな緊急性をもって現れた（レンガが
こちらに向かって飛んできている）ときに、注意を迅速に切り替えることを可
能とするようなメカニズムをもたなければならない。モチベーションと感
情はこうした注意の配分を担うメカニズムである」(p.140) と述べ、限定状
況下での問題解決における情動の役割の重要性を強調している。

　このように考えるならば、グループに対して問題を提起する際に用いら
れている「気になる」という表現についても、これが単に「主観的」(5.7.2節)
であるだけでなく、「情動的」なものでもあると見なす視点が重要になる。
Frijda & Moffat (1994) は、情動は遭遇した出来事が個体の主要な「利害関
心concern[22]」に関連を持っていることと、その出来事に対処するための何
らかの行動を起こす必要があることを人間あるいは動物個体に知らせるこ
とによって、個体の適応に寄与する機能的メカニズムであると主張してい
る。同様に、Simon (1983) においても、情動には、「ひと度喚起されると、何
らかの対処が行われるまでは取り除かれることのない厄介なものとして、
心の奥底にとどまり続ける」ことによって、主体の注意を現在従事してい
ることの中心からそらせ、今すぐ注意を必要としている他のものへと引き
付ける役割があることが明確に述べられている。さらに、前出のWeick &
Sutcliffe (2001) も同様の指摘をしている。彼らは、パイロットたちが「何か
異常が起きているが、それが何なのかがわからないという気持ち」を表す
のに用いる「リーマーleemer」という表現を紹介しながら、不測の事態に
伴うこうした感情が状況に対する見方に誤りがあることを知らせる確かな
ヒントとして重視されるべきものであると論じている[23]。

　5.5節で論じたように、潜在的な問題の存在に気づくための認知能力は
職能によって支えられている側面が大きいが、これに加えて、この問題が
グループに向けて提起される際に他ならぬ「気になる」という話し手の情
動を表す表現が用いられていることの背後には、問題発見者が展示制作に
まつわるさまざまな出来事に対して、それぞれの職能上の立場での「利害
関心concernとの関連」(Frijda & Moffat, 1994) という観点からの情動的なモ
ニタリングを行っているという事実があると考えられる。まさに「気にな
る」ということは必要な事柄に「気づく」という、問題解決やリスク予防に
おける最も困難な最初の出発点 (5.7.1節) の予兆を知らせるものなのであろ
う。

以上のように、懸念表明は情動表出を含む主観的判断の表明である。この点について、再度会話の連鎖構造のレベルに立ち戻って考えるならば、懸念表明－解消連鎖は会話分析における評価連鎖 (Pomeranz, 1984) と比較しうるものなのではないかとも思われてくる。懸念導入表現が「要求」を含意すると解釈されやすいものの (5.3節)、表現としてはあくまで間接的なものであるという点も、評価連鎖を条件的関連性に基づく隣接ペアとは区別されるべきものと見なす考え方 (Stivers & Rossano, 2010) と符牒が合う。しかし、一般的な評価連鎖では、第二評価が不同意だった場合に、不一致を解消するための協議が必要になるのに対して、懸念表明－解消連鎖では、むしろ懸念が共通認識になった場合にこそ、その解消のための協議が積極的に開始される、というように、両者の間には重要な相違がある。

　おそらくこれは、懸念の表明者とこれに対処する聞き手とが同じ「チーム」のメンバーであるということによるものなのではないだろうか。すなわち、一般的な評価連鎖においては、各参与者の個人のレベルでの評価の一致・不一致が主たる問題であるのに対して、チームでの協同活動の中での懸念表明の場合には、たとえ異職種間で「過程における利害関心」には対立が生じうるとしても、結果については共同責任が担われているため、「他者の懸念」は間接的には「自分の懸念」でもあるという、「チーム」としての性格が関与しているのではないかと考えられる (5.6.2節)[24]。

　このように考えるならば、グループミーティングにおける懸念の表明に上述のように情動という側面が伴っているとしても、これは単なる一個人としての情動的反応の表出なのではなく、むしろ、組織に裏打ちされた「社会化された情動」なのだと考えなければならないだろう。こうした社会化された情動は、多職種チームのメンバーがそれぞれの職能と責任に応じて互いに異なる関心や懸念を持ち、表明するという、組織における分散認知 (Hutchins & Klausen, 1998) の重要な一部を担っていると考えることができる[25]。

5.9　まとめ：会話の内と外に跨って

　以上のことを、会話の内部だけに視野を限定せずに、より広い視点から振り返ってみるならば、特にRTのようなグループでの長期的な活動に埋め

込まれたミーティングにおいては、各メンバーはミーティングという会話の参与者であるだけでなく、それぞれの所属企業やその専門性という組織文脈にも同時に所属する二面的な存在であると考えられる（**図5.5**）。逆に言えば、こうしたミーティングのデータを正確に理解するためには、会話の内部のみを分析対象とするのでは不十分であり、このミーティングが埋め込まれた社会的活動の全体をも視野に入れなければならない。本章で行ってきたように、ミーティングにおける懸念表明−解消連鎖に着目し、これを成員カテゴリー化装置の観点から分析することは、会話の内部の構造をこれを取り巻くより広範な社会的活動の文脈に関連づけるための道を拓くものとなるのではないかと考えている。

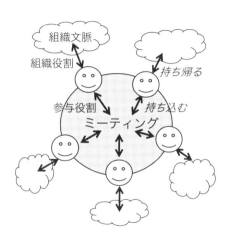

図5.5　多職種チームのメンバーの二面性

多職種チームには相互無理解や利害対立などの危険性もある反面、各メンバーが複雑な課題を相補的にカバーし合えるため、リスク管理面での大きなメリットがある（5.7.2節）。こうした多職種チームの長所が生かされるには、メンバーが気づいた潜在的な問題を積極的に提起する機会が組織的に保証されていなければならない。多職種ミーティングで用いられる懸念導入表現はこうした問題の表明と共有のための効果的な方法の1つであると考えられる。このような懸念導入表現の使用は明示的にマニュアル化されたものでも、また必ずしもミーティングに先立って準備されていたものでもなく、チームのメンバー自身が自生的にその有効性を見出し継続的に

使用している方法であるという意味で、「工学的なリスクおよびリスク管理の概念によって飼い馴らされていない」ものとしての「野生のリスク管理」（福島、2010）の重要な一形態であると見なすことができるのではないかと思われる。

「気づけ」という命令文はある意味ではナンセンスである。命令できる事柄は行為者の意志によって可能だと考えられている行為だけであるのに対して、「気づく」ということは当該の主体に自然に訪れる経験であると思われるからである。しかし、社会的な責任を担う組織のメンバーとしては、たまたま訪れる「気づき」をただ何もせずに待っているというのはいかにも居心地が悪いだろう。以上の考察だけではまだ、一回一回の気づきを引き起こすことのできる仕組みまでが分かったとは言いがたい。しかし、その一方で、本章で見てきたような、誰かの気づきが表明され、共有されていくという経験の繰り返しの中に、気づきの学習を可能にしているさまざまな側面のうちの一つがあるのだということは信じたいと思う[26]。

注

1　「なる」と「する」をまとめて扱うと共に、これらのテイル形や過去形も含めている。以降の本文中ではこれらの複数の形態をまとめて「気になる」と表記する。

2　その他の節末形式の度数は、テ節・デ節・連用節：33、ガ節・ケド節：17、カラ節・ノデ節：17、連体節：15、タラ節・テモ節・ト節・ナラ節・レバ節：7、引用節：6、その他：14、であった。　ここでの節末形式の分類には『日本語話し言葉コーパスCSJ』における「節単位」（丸山他、2006）の認定基準を用いた。

3　擬似分裂構文の形式をとるその他の理由として、この表現には、多人数会話において、なるべく早くターンを開始することによってターンを取得するという効果もあるのではないかと予想されるが、この点は今後の分析課題としたい。

4　これらの16名以外による用例が懸念表現で6例、懸念導入表現で2例あったため、それぞれの表現の合計数は242、70とはならない。

5　転記中の（　）は聞き取り不能箇所を表す。

6　ここでは、【懸念表明】は懸念導入表現が用いられていること、【理由】はこの部分の冒頭に「なぜ気になるのかというと」という表現を補足することによって懸念表明部分との意味的関係がより明確に示せるものであること、【要求】は「ほしい」「たい」などの文末モダリティが用いられていること、【対応】は要求に対する適切な範囲の応答（隣接ペアの第二部分、4.1節）になっていることを、それぞれ大まかな基準として認定している。

7　ただし、挿入連鎖や後方拡張（Schegloff, 2007）のように、局所的な隣接ペアなどの連鎖が終結している場合にも、この連鎖がより基本となっている連鎖の一部であることが明らかであり、この基本連鎖の方はまだ終結していないという事例も少数あり、これらは「その他」の方に含めている。

8 山田の「壁から」の直前で笹島も「壁」と発話を開始しているが、ほぼ同時であり（＝）、また、視線方向から見ても、笹島はこの発話を山田ではなく隣の大鰐に向けているため、山田が笹島の発言を聞いてから発話を開始したとは考えにくい。

9 発言者の「要求」が必ずしも明示されていない場合に、「ネガティブな事実認識」などの記述を「暗黙的要求」と捉えなおす必要があるという点は、自由記述アンケートの分析（大塚他、2007）などにも共通する一般的な特徴だと考えられる。

10 4.3.4節の「順位」とは異なり、ここでは大局レベルでの上位4人以外についても、順位を5で代表させることはせず、実順位を数値として用いている。同率の参与者が複数いる場合（特に発話量が0の場合に生じやすい）には、これらの参与者の順位は中央値としている。

11 なお、区間n-1、区間n＋1およびこれらの平均などについても同様の分析を行ったが、区間nのみを用いた場合がこの傾向がもっとも顕著であった。

12 ただし、「傍参与者へ」に分類される事例については、Yとは異なるZも懸念を解消するための発話を行っていたとしても「傍参与者へ」のみに含め、「傍参与者解消」には含めていない。

13 「笹島」の事例のうち、「1〜2者」の13例（*印）の中の5例は5.3.1節の分類における「A. 資料説明などモノローグの最中」のものであり、こうした箇所では、そもそもモノローグ的であるため、他の参与者の発話自体が基本的に生起していない。

14 例えば「施工責任者として」の代わりに「父親として」や「日本人として」という記述を行った場合の不適切さ（たとえ言明としては真だとしても）と比較してみていただきたい。

15 ここで用いる理論的枠組みの詳細については高梨（2016）の第6章も参照されたい。

16 合意形成会話などに見られるこうしたやりとりについては、片桐他（2015）でも「配慮要因の提示と擦り合わせ」という観点からの分析枠組みが提案されている。

17 この日のRTについては3.3節のエピソードも参照されたい。

18 7月1日のRTについては3.3節で紹介したエピソードも参照していただきたい。

19 邦訳では「認識する」となっているが、本章では、広義の「問題発見」を3つの過程に下位分類できるのではないかと考えているため、混同を避ける意味で「気づく」という表現を用いることにする。

20 同じRTの全データの中で、「問題」の用例自体は440例と、懸念表現「気になる／する」の242例よりも多かったものの、実際には、「問題ない」といった否定形の用例が181例と41％を占めており（これに対して、懸念表現では肯定（201例）の方が否定（41例）よりも圧倒的に多い）、むしろ「問題」の存在を否定するためにこれが用いられていることも多いことが分かった。

21 他方で、戸田（1992/2007）は「野生合理性」は文明環境では「部分的に不適合」になると指摘しているが、本章では、福島（2010）に倣い、「野生合理性」が文明環境においても少なくとも部分的には重要な役割を担っていると考えている。

22 「利害関心」だけでなく「懸念」もconcernと英訳しうるが、本章では「利害関心」は中立的な意味で用いるのに対して、「懸念」はネガティブなニュアンスがある場合に限定して用いている。

23 福島（2010）は精神科病棟でのフィールド調査を通じて、患者の行動や状態についてスタッフが描写を行う際に、擬態語による足音の真似や表情、目つきといった、専門用語ではなく、日常的な表現が用いられていることが、異なる専門職のメンバーの間の理解の共有に寄与していることを見出している。同様に、高齢者のグループホームの調査をした細馬（2016）も、スタッフがカンファレンスの中で擬音語や擬態語、ジェスチャーなどを巧みに用いているさ

まを描き出している。このような、現場のスタッフが自発的に用いている日常的な描写の背後にも、発話者やその発話の受け手の情動の働きが垣間見える気がするのだが、この点についてのさらなる検討は今後の課題としたい。

24 この点では、一般的な合意形成論で議論されているような、ある事態によってもたらされる「結果利害」についてのステークホルダー間での対立とは区別して考えなければならない。

25 Hutchins & Klausen (1998) では、メンバー間での完全な分業ではなく、ある程度の役割の冗長性redundancyが重要であることが強調されている。組織における冗長性の重要性は野中・竹内 (1996) でも指摘されている。5.5.2節で見たように、本書では、こうした冗長性はRTでの懸念表明−解消連鎖の継続的な使用を通じて互いの懸念事項への理解が深化することによって、徐々に形成されてくるものという側面が重要であると考える。

26 本章の分析と議論については本書末の「後日談」の中にも島田氏と小澤氏による興味深い振り返りがあるのでぜひとも一読していただきたい。

column 3 ぶれる：「観察できること」と「観察できないこと」の両方

　あるとき、私が大学に入って学びたいと思っていたのは（広い意味での）社会科学であったことを思い出した。人間の志などあまり当てにならないもので、そのことを私はある意味では20年以上も忘れていたのである。あるいは、不誠実にも、真正面から考え直すことを避けていたというべきかもしれない。

　しかし、同時に言い訳もある。これも思い出しながらの話だが、私がなぜいわゆる社会科学を専攻しなかったのかというと、当時の私には経済学で出てくる統計や数式、法律学で扱われる条文などが、自分の思う「社会」の問題とは程遠いものだと感じられていたからであった。社会というのは人と人とが関わる中で共有されたりされなかったりするものの積み重ねの中にこそあるのではないか。こうした目に見える、すなわち誰にでも「観察できる」事実をさし措くかのようにして社会科学の中で行われている議論は絵空事のように思えてならなかった。問題はそんなところにあるのではない。

　そこで、目に見える形での「人と人との関わり」とはすなわち「言語」の問題なのではないかと考え、当時大学2年生だった私は学部での専攻を選ぶ際に「国語学国文学」を選んだ。浅はかだった（どのような意味で浅はかだったかはあえて書かない）。そこで、今度は「言語学」ならよいのではないかと考え、大学院を選択した。これは最初の選択ほどは的外れではなかったものの、やはり正解とはいいにくいものだった（その理由もここでは書かない）。そして、毎日のように大きな書店に行き、それこそ店の端から端まで、関係しそうなものはないかと探し歩いた。辿りついたのは、どうやら私が探しているものは既に「どこか」にあるようなものではないのかもしれない、という認識だった。

　だとすれば、むしろ大いに気は楽になる。「どこか」や「何か」を定めなくてよくなったわけだから。そうなると、ありとあらゆるものの中から、自分の関心に一部でも関わりそうなものを集めてくればよいだけである。労力がどのぐらいかかるかは分からないが、態度としてはシンプルだ。こうしていろいろ探していく中で、相対的に「結構よさそう」と思ったのが、本書でも多く参照している「会話分析」であった。これは上述の「目に見える形での人と人との関わり」を扱うのにもってこいだ。ただし、既に上記の「態度」からもお分かりように、これもいわば「条件付採用」である。つまり、極論すれば、自分に関係ある点以外は関係ない。

より具体的に、かつ非常にナイーブにいうならば、「観察できるもの」だけでよいのか、われわれは分析者としてだけでなく、インタラクションの参与者としても、「観察できるもの」が何か「観察できないもの」に支えられて起こっているのだと思っているのではないのか。この物足りなさを説得力のある形で説明することは今の私にもまだ十分にはできない（一応言っておくと、こうした「観察できないもの」という考え方もある意味では錯覚であるという主張もありうることは承知している。ただ、そうした議論を読んで納得できたためしはない。だから私が求めているのはそうした議論や主張ではない）。しかし、冒頭の問題意識に戻るならば、抽象的で実感のない社会科学における「社会」から離れ、目に見えるインタラクションとしての社会の解明を目指したとしても、結局はこれによって「社会」が分かったと思えるのは、やはり「観察できる」ことの背後に「観察できない」ものの存在が垣間見えたと感じられるときなのではないのだろうか。

　以上のような道のりやここでの議論はある意味では「ぶれている」かもしれない。しかし、「観察できる」ことと「観察できない」ことの間でぶれつづけるための技法こそが私自身が求めていたもののようにも思える。

6

周辺的参与者が何かに気づくとき

6.1 分析の出発点

　ラウンドテーブル（RT）☞の調査を始めて最初に驚いたことのひとつは、毎回平均10名程度の参与者の中で、現行の話し手に視線を向け、あいづちやうなずきなどの聞き手行動を積極的に示している聞き手は案外少なく、一見すると、ある意味では全員が必ずしも熱心に参加しているように見えない、という点であった。そして、こうした聞き手の多くは自身のノートPCや紙の資料などに関与していることも多かった。この状態は少なくとも表層的にはお世辞にも模範的な参加態度とは言いがたいという印象を持った。しかし、調査を進めるにつれて、前章で分析したように、例えば懸念導入表現が用いられた際などには、主要な発言者やその直接の受け手となっていなかった参与者も的確に参与しはじめるといった点も見えてきた。そこから、これらの副次的な関与も実は必ずしも進行中のミーティングと無関係な「内職」のようなものばかりではなく、むしろミーティングの進行に志向しながら調整されているものもあるのではないかという疑問が生じてくることになる。そこで、中心的な参与者となっていないメンバーがどのようなタイミングでどのような種類の副次的活動を行っているかを調査することにも意味があるのではないかと考え、この点を焦点とした分

析を行うことにした。

6.2　理論的背景：気づきと関与

　第5章の最後でも指摘したように、「気づき」は主体の外部環境や内的状態における何らかの変化によって引き起こされるものであると言える。しかし、単に顕著な変化に気づくだけでは十分でないという意味で、気づきは「知覚」だけの問題ではない。むしろ、気づきを出発点として、想起や思考、これらに基づく行動などが引き起こされるという側面が重要である。さらに、気づきは必ずしも刺激や変化に対する受動的反応であるだけでなく、能動的な探索としての側面も持っている。そして、これらの点は、会話の中で参与者が何かに気づく場合にも同様に当てはまる。会話の参与者（特に聞き手）は話し手の発話を受動的に理解するだけの存在ではなく、それぞれの動機に基づいて、話し手の発話の中を「探索」する存在である。すなわち、第5章の末尾で述べたこととは逆に、参与者たちは会話の中で何かに「気づこう」と努めている可能性もある、ということである。

　気づきに最も関連すると思われる認知科学的トピックは「注意」であろう。実際、気づきに受動的側面だけでなく能動的側面もあるという点は、ボトムアップの受動（外発）的注意とトップダウンの能動（内発）的注意（彦坂、1994；岩崎、2008）の区別に関連していると考えられる。また、注意は知覚や思考、運動などを並置されるモジュールの1つではなく、むしろ「意識」と関連し、さまざまなモジュールを制御するものと位置づけられることが多いという点（彦坂、1994）も、気づきについての議論では重要な点であると思われる。本章では特に、思考や想起などの認知活動の出発点としての気づきに着目する。

　しかし、ここで言う「探索」は注意研究における「視覚探索課題」などとはかなり異なる意味のものである。視覚探索課題では、いつ、どの範囲の中で、どのようなターゲットを探索するかは実験者によって決められているのに対して、本章における「探索」について重要なのは、まさに「いつ何に気づくべきかがどのようにして分かるのか」という点だからである。「課題に関連する情報源と環境中に生起する潜在的な情報源の双方からバランス良く情報を取り入れ」なければ、注意の「最適制御」はできないが（岩崎、2008）、こ

の点の研究は注意研究の中でもあまり進んでいるとは見なせないため、ここでは「関与配分」という少し異なる視点からのアプローチを模索しよう。

聞き手の参与役割に関する議論では、「会話の中心」に近い参与者ほど権利も義務も含めて「やることが多い」という観点からの考察が多かったが、会話参加者が多数になるほど、「より周辺的な参与者ほど別の活動に関与しやすい」という見方が重要になる (坊農・高梨、2009；高梨、2016)。Goffman (1963) によれば、「関与involvement」とは、1人でする仕事や会話などの協同作業に対して適切な注意を払ったり、これをさし控えたりすることであるが、重要なのは、日常場面では、ある主体が当該の時点で関与している活動が1つには限られない、ということである。当然、会話においても、参与者は会話だけに関与しているとは限らないことに注意が必要である。

Goffman (1963) は、その場の社会的状況によって課せられる義務の観点から、支配的dominantと従属的subordinate関与を区別したが、ミーティングに関して重要なのは、周辺的参与者の関与の中には、自分のPCでの内職作業のように、会話と直接関わらない従属的関与だけでなく、ミーティングに関連する情報の検索や議事録の記録、発話から導かれた思考など、当該の瞬間にターンを取っていないという意味では会話に含まれていないように見えるものの、ひとたび会話の場に持ち込まれると、参与者の共有資源になり、グループ全体に貢献することになる活動もあるのではないか、という点である。そこで、本章では、ある参与者がこうした会話の本流に付随する活動を行うことを「付随的関与accompanying involvement[1]」と呼び、焦点としていく。

6.3　分析

6.3.1　分析方法

ここでいう「周辺的参与者」とは、ミーティング中のある瞬間において発話を宛てられていない聞き手であり、かつその時に話し合われている事柄について実質的な発話上の貢献を行っていない者のことである。Goffman (1981) による聞き手の参与役割の分類 (4.1節) には、発話をアドレスされた「受け手」とアドレスされていない「傍参与者」の区別がある。一般的な傍

参与者が音声でのあいづちや話し手への視線などの積極的な「受け手性recipiency」(Heath, 1986) は示していることが多いのに対して、ここで言う「周辺的参与者」は一時的にであれこうした受け手性を示していない者を指しており、その意味で一般的な傍参与者よりもさらに周辺的な立場にいるといえる。

分析では、先行会話部分で当面発言していなかった周辺的参与者が発話を開始する場面を特定した上で、この発言の先行文脈を遡りながら、当該の参与者が発言に至るきっかけとなったであろう「何か」に気づいたと思われる瞬間を特定し、そこから当該の発言に至るまでの間の、「考える」「調べる」などの付随的関与に関わる非言語行動などを分析すると共に、フィールド調査に基づくエスノグラフィー的な背景知識も参照して、これらの付随的関与がターゲット発話が当該の話題とどのような関連性を持っているかを考察していった。

6.3.2 事例1：付随的に調べる[2]

事例6.1 ［第4回RT_110304］

```
01 笹島：それと, 1つちょっと, 気に, ここの, この什器,
        このセンサーとのシステムが, ここミキサーみたいな部分ですけど,
        基本的にここで触って音量が変わるようにするのか,
        これはただのダミーなのかというところはいろいろあると思うんですが,
        これは性能を持ってる, 音量を調整する.
02 向井：あのですね,
03 山内：どうしたらいいですか. ((向井に視線を向けて))
```

図6.1

04　向井：あのですね, ええと, いま, 仕組み的には, ソフトの仕組み的には,
　　　　それMIDIコントローラーになってれば, ええと, いじれたりとか,
　　　　リバーブかけれたりとかするようなところまで設計したんです.

図6.2

05　笹島：うん.
06　向井：で, ただ, 山田さんと話してて, ええと,
　　　　そういうのに耐えうるMIDIコントローラていうか,
　　　　こう, 5年間も常設に耐えうるようなMIDIコントローラって
　　　　たぶんないだろうと,
　　　　となると, 取っ換え引っ換えみたいなことになるので,
　　　　その分のコストは結構考えなきゃいかんところだろうと思ってはいます.
　　　　で, まだ, えーと, もう1つ問題があって,
⇒　　　：やれるようにしたものの, えーと,
　　　　((平泉：視線を資料に落とし繰り始める))

図6.3

　　　　それができるというだけで, それが効果的に中で演出として
　　　　使えるかどうかというのは, まだ検討されていない,
　　　　あの, 状態なので, えーと, いまのところ, えーと,
　　　　あんまり考えなくてもいいのかなと, 思うんですが,
　　　　((平泉：手を止め, 顔と視線を向井に向ける))
　　　　考える方向で保留しときます？
　　　　((平泉：視線を山田に向けなおす))

図6.4

どっちにします?

図6.5

07 山田:が, ああ, 困ったな. ((笑いながら))
     い[まのところ考えなくてもいいとして.
08 平泉: [いずれ考える-((視線は向井→山田))

図6.6

09 向井:にして, 予算がなくなったら困りますよね.
10 山田:そうそうそう.
     こ[れ, 使えるじゃんって思ったときに
11 平泉: [じゃあ
12 山田:予算がないと困るので,
     だから, [やる-
→13 平泉: [見積もりはしといた方が.
        ((冒頭で向井を一瞥し, 後は視線を山田へ))

図6.7

```
14  山田：見積もりはしといた方がいい．まあそうだね．
15  笹島：例えばそうすると，ほんとにこう，ミキサーみたいのをすぽっと入れるのか
          ほんとにこう，パネルに1個1個穴空けて，アナログみたく，こう，
          回すものだけランダムに付けちゃうのかという，こう仕様がかなり，
16  向井：そうですよね．
17  笹島：こう，あるので．
18  山田：そうですよね．
```

先行文脈

　これは第4回RT（110304）からの事例である。展示端末での音声操作方法の仕様について、笹島がイメージを確認しようとしている（01）。受け手は意匠担当の山内か坂東のように見えるが、山内は向井に回答を委ねる（03）。この複数単位ターン（Schegloff, 1996b）（04, 06）の際、向井の視線は基本的に質問者の笹島に向けられており、時々自分に回答を委ねた山内への一瞥も含まれるが、この事例で焦点となる「周辺的参与者」である未来館スタッフの平泉には視線を向けてはいないように見える。

気づきから発話開始までの振る舞い

　平泉は向井の回答（06）を傾聴しているが、その中の「やれるようにしたものの」の際（⇒）、何かを思いついたように手元の資料を繰り始める（図6.3）。そして、「あんまり考えなくてもいいのかなと思うんですが」というターン構成に基づいてこのターンの終了を予測し、おそらく次のターンを

得るために、手を止めて資料を閉じ、向井に向けて顔を素早く上げる（**図6.4**）。

ターン取得の試み

　向井のターンの末尾は「どっちにします」(06) という質問形式になっているが、視線はその直前の「あんまり考えなくてもいいのかな」の途中から徐々に山田に向けられていたため、顔を上げた平泉は向井の視線方向を追従する形で、山田に視線を向け、ここでは発話を開始しない（**図6.5**）。そして、実際、山田が「ああ、困ったな」(07) と応答を開始する。

　平泉の一度目のターン取得の試み (08) は山田の07の最初のターン構成単位 (4.1節) の「ああ、困ったな」の末尾で生じるが、この山田のターンはここでは終了せず、直後の「いまのところ考えなくても」との重複によって断念される（**図6.6**）。その後も、山田と向井のやりとりの途切れ目を探っている様子で、ターゲット発話以前にさらに一度開始に失敗している (11)。

　これらの開始断念の箇所は、いずれもターン構成単位の終了時点であるという意味では適切なタイミングのものだが、視線に関して、周辺的参加者に特有の不利な側面が見られる。平泉は08と11のどちらの際にも、向井または山田に視線を向けて発話を開始しようとしているが、山田は1回目、2回目とも向井に視線を向けて発話中であり、向井も1回目は山田に、2回目は全く逆方向の参与者に視線を向けていた。つまり、これらの箇所では、主たる参与者であった向井や山田の視線が獲得できなかったため、ターンが取得できなかったのではないかと考えられる[3]。

　ターゲット発話 (→13) では、山田の「予算がないと困るので」を複合的ターン構成単位 (Lerner, 1996) として利用し、これに続く統語的な主節となりうる形式で発話している（**図6.7**）。

開始された発話の関連性

　上記のように、平泉が資料を繰り始めたのは向井の06中の「やれるようにしたものの」の際だが、ターゲット発話中の「見積もり」(13) という表現から推測するに、資料を繰るという付随的関与を引き起こした気づきの原

因はこれに少し先行する「コストは結構考えなきゃいかんところ」(下線)だったのではないかと推測される。実際、これは、13で平泉が発話している「見積もりはしといた方が」の先行節に当たる山田「予算がないと困るので」(12)とかなり類義のものである。このように、周辺的参与者は会話の最中にあることに気づき、そこから引き出された付随的活動に関与している間は会話の流れから一時的に少し身を離し、この関与の結果が出た後で[4]、今度はこれを再度会話内に持ち込むための機会を見計らって発話を開始する、というように、会話の流れと付随的関与の間には不即不離の関係があるのではないかと考えられる(**図6.8**)。

① 周辺的参与者が会話の最中にあることに**気づき**,

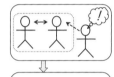

② そこから引き出された**付随的活動**への関与中は会話の流れから一時的に少し身を離し,

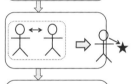

③ この関与の結果を**会話に持ち込む**機会を見計らって発話開始

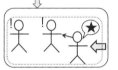

図6.8　会話と付随的関与の間の不即不離の関係

6.3.3　事例2：付随的に考える

この事例はRTからのものではなく、未来館スタッフの山田、平泉、大沢が展示コンセプトなどについて演出家の石田と話し合う「監修者・演出家☞」ミーティング(3.2節)からのものであり、ここでの「周辺的参与者」は石田である。

事例6.2 ［監修者・演出家_101016］

01　山田：何かある？

02　平泉：いや, どう進めようかなと思って.

03　山田：うんうん, うん.

04　平泉：いまの話, ちょっと, そうですね, だから千年後は
　　　　　やめたほうがいいような気がしました.

05　山田：僕ね, いまね, 話をしていて, あの, いやその千年とか,
　　　　　破滅っていうことが, えっとストーリーを構成するために
　　　　　すごく重要なものでは別になかった.

06　平泉：うん.

07　山田：というのがいまの理解, なのね.

08　石田：うん, うん.

09　山田：で, それよりは, すごく重要なのは,

10　平泉：うん.

11　山田：まずこの展示物はほかの展示物と違って, 物語であると.

12　平泉：うん.

13　石田：そうですね. そうです.

14　山田：物語であるというふうに入って行ってもらうために,
　　　　　どう, どういうふうな説明の仕方をしていくのがいいか,

15　平泉：うん.

16　山田：っていうところから, えっと, ここのところは,

17　平泉：うん.

18　山田：ええ. だから結構独立につくっちゃ, つくれるものなんだ,

19　平泉：うん.

20　山田：という気がした, いま.

21　平泉：ああ, そうですね. そうですね. ((強くうなずく))
　　　　　何かそれよりも, て, あ, あなたは誰, 誰, 誰っていうのを,
　　　　　すごい何度も聞かれるとか, もっと何か不条理なことが,
　　　　　起きてもいいような気がするし,

22　山田：うん.

23　平泉：で, 破滅にしても, 千年はやめて, 人類が破滅した
　　　　　っていうとこから始まったほうが, 逆にいい気がするし,

24　平泉：もっと何か, この中が詰められ, 何て言うのかな,
⇒　　　　物語として, あの, ええっと, <u>矛盾なく,</u>

25　山田：うん.

⇒26　平泉：<u>詰めない,</u>

　　　　　((石田：それまでやや俯き気味だったが,
　　　　　何かに気づいたように, 頭部を少し上げる))

図6.9

⇒ 　　　　ほうが, いいぐらいの感じがする, かなって.
　　　　　((石田:胸の前で組んでいた腕を解き, 息を吸いながら,
　　　　両腕を上げ, 頭の後ろで組み直す))

図6.10

27　山田:この中?
28　平泉:それは同じことだと思うんですけど, 独立し, ここと,
　　　　矛盾なく, いま緻密に,
　　　　　((石田:組んでいた腕を解き, 左手をコップに伸ばして1口飲む.
　　　　コップは持ったまま))
29　山田:はいはい, はいはい.
30　平泉:なんか矛盾ないように詰めようとしてたけど,
　　　　　((石田:複数回小刻みにうなずき, 35まで平泉に
　　　　視線を向けたまま静止))

図6.11

31	山田：はいはい．そうね．
32	平泉：それはすべき，逆にしなくてよくって，
33	山田：うん．
34	平泉：だから，うん，
→35	石田：**おとぎ話的な，ことですよね，それは．**

((視線は平泉に向け，右手でビートのようなジェスチャー))

発話の区切れ
を見計らう

図6.12

36	平泉：うん．
37	山田：まあ，おれの気分としては，もう後から考えればいいやって感じかな．
38	大沢：いや，後からも考えないんでしょ．
39	山田：えっとね，いや，えっとね，これは物語だっていうふうに
	分かってもらうための工夫ってのは，
40	平泉：うん．
41	山田：いずれにしても必要だと思うので，それをどうするかっていうことを

　　　　考えればよくって.

42　平泉:うん.

43　山田:そうしやすい, え, 説明の仕方だったり, ストーリーだったりを,

44　平泉:うん.

45　山田:頭にくっ付ければいいんじゃないですかっていう感じ.

46　平泉:そうですね. そうですね.

先行文脈

　展示全体のコンセプトを来館者に向けてどのように表現するかについての議論(2.2節)が少し煮詰まり, 空白が生じた後で, 山田が平泉に意見を求めている(01). これに対し, 平泉は「千年後」というコンセプトはやめた方がよいのではないかと提案すると(04), 山田もこれに同意する方向で, 自分の考えを述べていき(05, 07, 09, 11, 14, 16, 18, 20), 平泉も大きくうなずきながら強く同意する(21). 山田と平泉は未来館スタッフの中でも同じ企画制作グループに属する特に近い立場の者同士であり(2.2節), 平泉が強く同意している箇所は「結構独立につくれる」という, 制作の進め方の方針に関わる見解に対してである. この間, 山田も平泉も, 互いに相手に視線と姿勢を向けていることが多く(図6.10), 石田や大沢に視線を向けることはほとんどないように見える.

　これに対し, 基本コンセプトの提唱者の演出家石田は, 時々あいづちや短い同意表現を発するものの, 基本的に2人のやりとりを静観しているが, 「この展示物は物語☞である」(11)という山田の認識に対してだけは, 演出家の立場から積極的な承認を示している(13).

気づきから発話開始までの振る舞い

　石田は腕を組んだまま動かずに, 山田と平泉のやりとりを静観していたが, 平泉「矛盾なく詰めないほうがいい」(24, 26)の瞬間に(→), 息を吸いながら背筋を伸ばして, 腕を頭の上で組み直す(図6.10は両腕を上げ始めた瞬間). 続けて, コップの飲み物を飲み, 平泉の「矛盾ないように」(30)の際に

何度かうなずくなど、これまでの静観とは対照的なせわしない振る舞いを見せ始める（**図6.11**）。このターゲット発話 (35) の開始直前には、平泉の発話の区切れのタイミングを見計らっていると思われ、発話が言い淀んだ時点 (34) でターンを取得する（**図6.12**）。

この発話は視線を平泉に向けてのものだが、開始時点では平泉は自分の発話の受け手の山田に視線を向けており、石田の発話開始直後に、素早く石田に視線を向け直し、自分の発話を中断している。

開始された発話の関連性

石田のターゲット発話中の「おとぎ話的」(→35) は上記の石田の姿勢変化の直前の平泉の「矛盾なく詰めないほうがいい」(24、26)（下線）を別のより的確な表現で言い換えることを試みたものであると考えられる。同時に、この定式化 (Heritage & Watson, 1979) は「矛盾なく詰めない」だけでなく、山田の「この展示物は物語である」(11) やこれに対する自身の承認 (13) とも整合するものであり、演出家の立場から未来館スタッフのイメージ理解に承認を与えているといえる。

このように、**事例6.1** と同様、この**事例6.2** においても、周辺的参与者は一時的に付随的な活動に関与するものの、逆にその成果を再び会話の場にもたらしていると考えられる。

6.4 議論

本章では、会話のより中心的な参与者の方が思考の流れが会話の流れに近く、周辺的参与者ほどこの距離が遠い（あるいは自由）という発想に基づき、周辺的参与者が会話内で何かに気づいてから発言するまでの流れを、微視的なビデオ分析とエスノグラフィー的知識の両方を用いて記述することを試みてきた。分析の結果、ミーティングには、言語的発話から形成される「会話」の部分だけでなく、周辺的参与者による思考や検索、記録などの付随的関与が伴っていることが多いことが明らかになった。ここから導かれるイメージは、会話の流れには、いわば「伏流水」のようなものとして、複数の（特に「周辺的な」）参与者による思考やその他の活動の流れが並走し

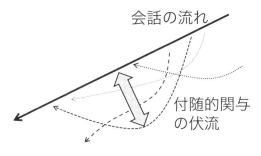

図6.13　会話における付随的関与という伏流

ている、というものである（**図6.13**）。

　今回の事例分析で対象とした付随的関与は、「調べる」（**事例6.1**）と「考える」（**事例6.2**）であるが、「考える」については、**事例6.2**のように、「発言に向けてせわしなく動き始める」場合だけでなく、ある瞬間を境に、「それまで話者に向けていた視線を下方や上方などに外したまま、動きの変化（＝受け手性の表示）が少なくなる」というケースも見られ、後者の場合には、その後も結局発言するには至らないことも多い。さらに、ミーティング内の発言や行為を気づきのきっかけとする極端な例としては、何かを思い出してミーティングから中座し、作業室や展示制作現場に移動して、そこでの作業を開始するというようなことも起こりうる。このように、本章で「付随的関与」と呼んできた活動は、その効果が当該会話内に留まらないものにまで連続的に拡張されうるものであるため、これらの関与が「付随」しているのは「会話」としてのミーティングに対してであるというよりも、ミーティングを含む継続的なグループ活動の全体に対してであると考える視点が必要かもしれない。第5章で取り上げた懸念導入表現が「気づき」の結果を明示的に会話の場で表明するものであったのに対して、本章での付随的関与の分析からは、「気づき」には必ずしも会話の場への分かりやすい貢献には結びつかないかもしれない潜在的側面も表裏のものとして見られることが明らかになってきた。

　周辺的参与者の方が付随的活動に関与しやすいという点は、もちろん「多人数の会話ほど周辺的な参与者は別の活動に関与しやすい」（6.2節）という参与構造自体に関するより一般的な性質に起因するものであるが、第5章の懸念表明−解消連鎖に関する分析を思い出すならば、さまざまな種

類の会話の中で、特にミーティングという活動においては、「気づき」とそこから発生した付随的関与の結果を会話内に持ち込むことが「積極的に奨励されている」という可能性も示唆されるであろう(5.7節)。すなわち、ミーティングは、積極的に発言を行う中心的な参与者と、積極的に発言を行うわけでないが、会話の進行に伴って生じるさまざまな副次的な活動に関与する参与者とによる「認知的分業」(Hutchins, 1995)の場であり、従って、周辺的参与者にはある場合にはむしろ付随的活動に関与する責務もあるのかもしれない。

ただし、こうした分業と個々の参与者の気づきとの間に、どちらかがミーティングに先立って予め与えられているというような関係があると考えるのも正しくないだろう。むしろ、これは第5章で扱った懸念導入表現についても同様だが、「気づき」は、一方では各参与者の成員性に支えられた職能など、もう一方ではその場で進行しているミーティングというインタラクションの文脈、という2つの資源が出会う場において訪れるのではないかと考えられる。

注

1 Goffman (1963)の挙げる従属的関与の例は、会話しながらの編み物など、主たる関与とは無関係のものが多いため、本章が対象としている現象を「従属的関与」と呼ぶのは不適切かもしれないと考え、この用語を用いることにした。

2 転記記号(議論に関わる一部箇所にのみ付与)。→:ターゲット発話(当該参与者が気づきに基づいて行った発話)、⇒:ビデオから観察可能な気づきの瞬間、下線:気づきのきっかけと思われる発話、[:発話の同時開始、-:発話産出の中断、(( )):非言語行動など。

3 4人以上の会話では、複数の会話への分裂も可能であるため、ある参与者が話者となるための最低条件は「少なくとも1人の聞き手をすること」であると考えられるが、その際、獲得する聞き手は誰でもよいわけではなく、聞き手の視線獲得を巡る競合が生じることがある(高梨、2004)。

4 ただし、この箇所では、実際には平泉はおそらく資料で調べようとした点を発見する前にこれを中止し、先に発話を行うことを優先している。そのため、発話の内容は資料で確認した結果などを「報告」する形ではなく、「見積もりはしておいた方がよい」という一般論的なものとなっている。

column 4 多様だが、それぞれに一理ある反応

同じ出来事や話題などに遭遇したにもかかわらず、人々は互いに異なる反応を見せることがある。おそらく、こうした反応の多様さは、対象となった出来事の持つ性質だけによるものではなく、これをそれぞれの主体が持っていた何かと結びつけたときに、「気づく」「思いつく」ことがらとして現れてくるものだろう。これらの反応は確かに一見すると「多様」であるのだが、立ち止まって考えてみると、程度の差こそあれ、それぞれに「一理あるresonable」ものだとある程度納得できることも多い。それらの反応がたとえ自分自身のものとは異なっていたとしても、また、たとえそれに自分自身は絶対に賛同できないと感じられたとしても、である。

だとするならば、それぞれの反応の背後にある、それぞれの人にとっての「理屈」や「事情」のようなものが、他者であるわれわれにも何らかの意味で「分かる」のでなければならない。逆に言えば、それぞれの人の持つこの「理屈」のようなものが分かることによって、われわれは自分のものとは異なる反応をも理解し、あるときには許容できるようにすらなっているのではないだろうか。本書が分析において着目した「懸念」や「関心」、そしてこれらと表裏をなしている「成員性」といった観点は、個々人の多様性とそれぞれの間での相互理解を可能にしていくメカニズムの少なくとも1つにはなっているのではないかと考えられる。

実は上記の問題関心は、私が研究者を志す出発点となったものなのだが、認知科学的側面からも、社会科学的側面からも考えてみなければならない難しい問いであると思う。つまり、たとえ「本腰を入れて正面からこれに取り組もう」と決意だけしても、実際には何から手をつけてよいのか分からず、途方に暮れるばかりだ。そのため、この問題関心は私自身の中で長年休眠状態にあったし、最早本人も改めてこれを思い出すことがほとんどなくなっていた。

今回の調査はある意味ではいくつかの偶然によって始まったものだったが（column1）、調査を続け、データを分析していく中で、私自身を導いているのは結局はこの最初の問題関心なのではないかと気づいた。しかし、気づいたといっても、これは各章での分析の基本線を記述し終えて、本書の内容を通して確認する最後の段階でようやく気づいたことだった。その意味で、本書に通底する「気づき」という難しい問題の中でも、最も気づきにくいのは自分自身に関すること

のかもしれない。「フィールド調査に行って自分自身に出会う」という言い方は、「自分自身に出会う」ということが目的として前面に出すぎていると感じられてしまう点ではロマンチックな言い方であり、あまり好きにはなれないが、とはいえ、やはり「結果として出会ってしまう」という面はあるのだということを感じた。

第3部

身体と環境を使った想像の共有

はじめに

　第5章では、『アナグラのうた』制作チームによる多職種ミーティングであるラウンドテーブル（RT）☞を対象として、その中で生起する懸念導入表現「気になるのは」を用いてあるメンバーが懸念事項を表明すると、他のメンバーがこれに配慮を示し、自らの立場からの対処策を検討し始めることによって、立場の異なるメンバー間で問題が徐々に共有されていくという、一連の協同問題解決プロセスの最初の部分に焦点を当ててきた。しかし、その中でも述べたように、このようにして表明される懸念事項は、メンバー間で問題として共有されたとしても、必ずしも当該のミーティングの内部で解決できるものばかりとは限らない。そこで、第7章では、ミーティングにおける懸念導入表現の使用によって開始された協同問題解決プロセスが現場検証などの複数の日時と場所での活動を通じて徐々に展開していく様子について、1つのエピソードに着目したエスノグラフィー的な手法による分析によって明らかにしていくことを試みる。

　この一連の過程においては、展示物という、その制作段階においては当然「まだ存在していない」対象物について、想像を働かせながらイメージを共有していくことになる。この課題に対して、まず第7章で取り上げるのは、環境内で利用できるさまざまな物質的存在物を活用し、この「まだ存在していない」対象物を「表象」するという方法であり、さらに、この表象をこれが埋め込まれた問題解決の文脈に応じて焦点を変えつつ「変換」していくという実践である。

　しかし、ある物質的対象が未来の展示物などを「表象」することができるという点だけでは、ある意味では不十分かもしれない。この「表象」は話し手と聞き手との間で「共有」されなければならないはずだからである。第8章では、まだ存在していない展示物やその中での「未来の未来館来館者」の行動を表象するのに、ジェスチャーなどが用いられている事例を対象として、かなり微視的な分析を試みるが、その目的は、こうした表象がどのようなインタラクション上の工夫を通じて「共有」されるようになるか、という

点の解明にある。

　やや俯瞰的なまとめ方をするとすると、第2部の第5章における分析がより微細な点の観察から出発してよりマクロな問題に至るという方向を辿ったのとは逆に、この第3部では、第7章と第8章という2つの章を用いて、「想像を共有する」というグループにとっての協同の課題が、一貫した目的意識の下に継続的に取り組まれているというだけでなく、個々の一回一回のインタラクションの場面の中でそのつど達成されなければならないものでもあることを明らかにしていく、という順序での考察を目指している。

7

未来の存在物をめぐる協同問題解決

7.1 疑問点：「まだ存在していない」対象物を正確に表象する？

　会話において参与者が共有しなければならない最も分かりやすいものは会話内で言及されている指示対象である (Clark & Wilkes-Gibbs, 1986; Schegloff, 1972; Sacks & Schegloff, 1979; Schegloff, 1996a)。そのために用いられる手段としては、言語的な指示表現以外にも、例えば指示対象がその場にある場合には指差しなどのジェスチャー表現などもある (安井他編、近刊)。逆に、対象物がその場にないとしても、参与者たちが当該対象物について「知っている」場合には、例えば「去年まで百万遍の北西の角に建っていたパチンコ屋」というように、これを言語的に表現することは必ずしも難しくないし、また、むしろこうした「その場にない対象物」について言及し、参与者間で共有できることこそが言語というものの持つ重要な存在意義の1つであると言えるかもしれない。しかし、対象物が「その場にない」だけでなく、「世の中にまだ存在していない」としたらどうであろうか。

　アナグラチームのメンバーが制作過程において直面していたのはまさにこういった状況であったのではないかと考えられる。分析対象となっているデータの中では、『アナグラのうた』は現在まさに「鋭意制作中」なのである。このような「まだ存在していない」対象物についてのイメージを互いに

共有するという、本来困難であるはずの課題に対して、メンバーはどのように対処しているのであろうか。

そのための方法として、本章で着目するのは、環境内にあるさまざまな物質的リソースを類像記号iconとして用いてその対象物を「表象」する、という方法である。一般的に、Peirceによる記号分類においては、類像記号とは「類似性」によって指示対象（あるいはdesignatum）を表象するものである。しかし、「類似」という観点は一見するよりもはるかに複雑なものである。

例えば、会話において語られた物語の中で、語り手はしばしば過去の出来事を自身の身体を使って「再演」するが（Goodwin, 2002；西阪、2008；細馬、2016）、こうした再演もここで言う「表象」に含まれるだろう。こうした「再演」の状況の多くにおいては、「再演」という表現からも明らかなように、表象されるものはこの再演に先立って存在していたはずのものである。これに対して、過去に経験した出来事などを表象する場合と比べ、まだ存在していない対象物について表象することには固有の困難があると思われる。表象されている指示対象との類似性に基づいてこの表象の「正確性」のようなものを確かめようとしても、そもそも「表象されている指示対象」の方が存在していない以上、比較のし様がないからである。では、ここでアナグラチームのメンバーが行っていることは架空の世界を表現する舞台演劇のようなものなのかというと、おそらくそれも違うであろう。以下で見ていくように、メンバーはある意味ではこの表象の「正確さ」こそを追求しているとしか考えられないからである。では、そこで問題になる「ある種の正確さ」とは何であろうか。

7.2　作業仮説：「問題解決に資する」という視点

先に見通しを述べておこう。

以下で分析する一連のエピソードの発端は、第5章の分析対象であった「懸念導入表現」が用いられたあるRTでの議論の場面であった。既に第5章で見たように、懸念導入表現はメンバーの誰かが気づいた問題点をその場に提起し、その解決を働きかける役割を果たす。だとすれば、以下で順に紹介していくエピソードもまた、協同問題解決という観点から捉えることが

できるものなのではないかという予想が生まれる。問題は、分析者による
この予想は本当にメンバー自身が志向し取り組んでいる課題と一致してい
るのか、という点になるだろう。この点を踏まえ、以下では、上記の「まだ
存在していない」対象物についての表象の「正確さ」の問題と、これらの表
象とその「変換」とが一連の問題解決に資するものとなっているかという
問題とを表裏のものとしながら、事態の展開を記述していくことを試みよ
う。

7.3　事例分析：表象の変換

　ここで取り上げるのは、2011年5月10日☞に制作現場☞で行われたセン
サシステム☞の検証と什器☞位置の調整に関する一連の協働活動である。
これから見ていくように、この検証はシミュレーションの一種と見なすこ
とができるのだが、シミュレーションは何らかの未来の問題などを予測す
るために行われるものであると考えられるため、このシミュレーションが
いつ、どのようにして必要となり、何をシミュレーションしなければなら
ないかといった点がこれに先立ってある程度議論され、共有されていたの
ではないかと考えるのが自然である[1]。そこで、以下では、この5月10日の
現場検証だけを焦点とするのではなく、この検証に先立つメンバー間での
議論の詳細についてデータを遡って調査することによって、この検証の必
要性がどのようにメンバーに認識され、そのための方法やスケジュールな
どがどのように決定されていったのかを把握することにした。なお、1.2節
でも紹介したように、この分析手順は、筆者が実際に辿った道のりと一致
している。

7.3.1　事前ミーティングでの調整

　ラウンドテーブル（RT）☞のデータを5月10日から順に遡っていくと、4
月28日の第11回RTの中で、センサシステムの検証と什器位置の調整を5
月10日に行うことが決められていたことが分かった。そして、その次の5
月6日の第12回RT☞では、この検証と調整のためのより具体的な手順や手
続きが協議され、次のように5月10日の課題が決定されていた（**図7.1**、第3

章の図3.1も参照)。

課題1. 13：30から（センサチーム）
「出会い」☞端末付近で4台のセンサを用いて「ハイジャック」☞のリスクを検証する

課題2. 15：30から（空間デザインチーム）
未来館のスタッフを各端末の前に立たせて、（必要ならば）「出会い」端末と周囲の他の端末の位置を調整する

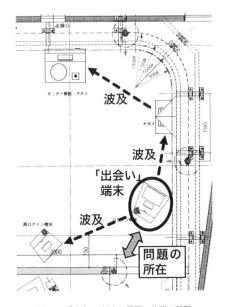

図7.1　「出会い」端末と周囲の什器の配置

　後の分析でも見るように、これらの2つの課題の間には、課題1の結果が課題2への波及効果をもたらす可能性があるという関係があると考えられる。すなわち、空間デザインチームにとっての課題2をどの程度適切に行うことができるかは、より直接的にはセンサチームにとっての問題であるはずの課題1の結果に依存してくる。そのため、課題1は課題2よりも前に対処されるべきものであると認識されている。

7.3.2 ミーティングでの問題提起の際の表象の利用

さて、こうしたセンサ検証の焦点やその結果を什器配置の調整に反映させるための方法は、5月6日のRTの中でそもそも実際にどのように協議されていったのだろうか。

事例7.1では、未来館所属の展示手法統括の山田が、什器位置を決定するための情報は検証の直後に受け取る必要があると要求すると(01、03)、センサシステム担当者の赤木は「たぶん一番(0.4)ええと::(2.0)気になるのは(0.7)＜こ＞の位置なん:(.)だと思うんですよね(1.8)」と言いつつ、展示模型の中の「出会い」端末付近の位置をペンでポインティングし始める(09、11)(Goodwin, 2003b)。このポインティングジェスチャーに対して、他の参与者は立ち上がって模型の中を覗き込むという積極的な反応を示すが、これはこのジェスチャーだけでなく、「一番気になるのは」(09、11)という、未来の望ましくない出来事についての憂慮を示す「懸念導入表現」(第5章)によって引き起こされたものでもあるだろう。その意味で、このポインティングは単に模型内の特定の位置に聞き手の注意を焦点化するだけでなく、同時に、発話者の感じている懸念事項をミーティングの場で表明することによって、これがグループにとっての問題でありうるということを「提起」する行為の一部を構成するものともなっていると言える。

その後、赤木は「たぶん今一番気にしてんのはここに人が立っていて:,この後ろに通った時に:,ハイジャック何なりが:,どんだけ起きちゃうんだろうっていうことなんですね.」(17、19、22、24)(→の行)と言いながら、模型の中でペンを動かすことによって展示内での来館者の動きを表象する(**図7.2**)。これはここで扱う一連の協同問題解決の過程の中で、メンバーによって入場者の「横切り」の動きが最初に表象された機会である。そこで、これを「表象1」とする。この表象1は、展示の空間的構成やその中での各什器の位置を模型のサイズに合わせた俯瞰的なスケールで表現した上で、静的な模型だけでは表現できない動きをペンの動きによって付加するものとなっている(Murphy, 2005)。

ここでより重要な点は、ここでも、このジェスチャーが「一番気にしてんのは」(17)という「懸念導入表現」を含む発話と共起している点である。さらに、「時に」(19)は仮定法をマークしており、接尾辞「～ちゃう」(24)も、動

事例7.1 ［第12回RT_110506］☞ 表象1

```
山田　01：.hh什器の位置を決定するまでの：,
赤木　02：はい
山田　03：決定するための：,えっと材料は：,その場で欲しい
赤木　04：.hh((口をつけかけていたペットボトルを口から離す))¥その場で欲¥しい
山田　05：で：最終的に,えっと向こうのセンサーを殺すのか
　　　　　こっちのセンサーを殺すのかっていうのの判断は：,
山田　06：持ち帰って検討して(.)分析していただいた方がいいような気がする.
　　　　　っていう感じですが
　　　07：(0.3)
赤木　08：.hhええとそうすると什器☞の¥位置ってなると：¥
　　　　　((椅子を引いて立ち上がる))
赤木　09：たぶん一番(0.4)ええと：:
　　　　　((模型の中をペンでポインティングし始める))
　　　10：(2.0)
赤木　11：気になるのは(0.7)<こ>の位置なん:(.)だと思うんですよね(1.8)
　　　　　((山田や他の参加者が立ち上がって模型の中を覗き込む))
赤木　12：この位置［と：,
山田　13：　　　　　［あ,そうそうそう［それですそれです.
赤木　14：　　　　　　　　　　　　　　［この位置-この位置がここで適当なのか
山田　15：そう
赤木　16：っていう話なんだと思うんですよ.hhhhで::::これは::,えっと:::::(0.3)
→赤木　17：たぶん今一番気にしてんのはここに人が立っていて：,
　　　　　((模型内の特定の箇所をペンで指し示す))
山田　18：うん
→赤木　19：この後ろに［通った時に：,
　　　　　((ペンを動かして人の動きを表象する))　「横切り」表象1
```

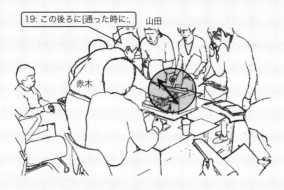

図7.2

山田	20:	[そうですね

山田　21：うん

→赤木　22：ハイジャック☞何なりが:,

山田　23：うん

→赤木　24：どんだけ起きちゃうんだろ[うっていうことなんですね.

山田　25：　　　　　　　　　　　　　[うん

山田　26：うん

赤木　27：それはたぶん(0.3)何回かやってみて:, ID☞がどんだけ遷移する

山田　28：うん[うんうん

赤木　29：　　[じゃあ

　　　　30 (0.7)

赤木　31：もうす-もう¥そこはなんか¥みんなで.hhその場で¥相談するしかない¥

赤木　32：のかなあって思ってるんですけども.hh

詞「起き」で描写された出来事に対する話し手の否定的な態度を示している。これらの表現によって、この発話は赤木が既に観察した事象を「記述」するものではなく、未来に起こりうる望ましくないことがらを「予測」するものとして理解されるようになる。この点は第5章で取り上げた懸念導入表現の多くの事例とも共通する。

　ここでのやりとりを踏まえて、山田が、(上記の課題1の際に)ハイジャックが起こらなければ什器位置は固定でき、もし起こったら、(課題2の際に)「出会い」の位置を少し後ろに下げた上で、これに応じて他の什器の配置を再調整すると定式化(Heritage & Watson, 1979)することによって、この懸念導入表現を含む連鎖は一旦終結する。

　しかし、その直後、今度は赤木の同僚の有沢が積極的に議論に参与し始める(事例7.2)。山田からの確認要求(01、02、04、08)に答える中で、有沢は、ハイジャックが実際に生じやすいのはある来館者が他の来館者が立っているのを無視して、その後ろを通りすぎる状況であろうという予測を述べる(09、11、12)(→)。こう言いながら、彼は赤木のお茶のペットボトルを持ち上げ、これを立っている人に見立てるべく、目の前に置き直した上で、通過する人の軌跡を描くためにこのボトルの横で掌をスライドさせる(図7.3)。これが「表象2」となる。

　この表象2は、大まかに言えば表象1と同じ状況を記述しているのだが、

事例7.2 ［第12回RT_110506］ 表象2

```
山田  01：まだ, えっと, やってみて, まずあの, そんなに
         ハイジャック起こんないんだったら,
山田  02：安心してこのままでいくと,
赤木  03：そうですね, はい,
         ((有沢と赤木が笑う))
山田  04：で:::ハイジャックが起こるようだったらば, とりあげず下げる
      05 (1.2)
有沢  06：うん:::,
      07 (1.1)
山田  08：とり[あえず下げるっ[ていう::
→有沢  09：    [それは-     [それは本当に
         ((有沢が右手を開き山田の方に押し出す))
山田  10：うん
→有沢  11：こういた時に立ってる人に対して,
         ((有沢が赤木のペットボトルを持ってテーブルの上に置き直す))
→有沢  12：この人を無視して素通りするケースですよね
         ((有沢がペットボトルの横で手を素早く強くスライドさせ,
         歩いて横切る人の動きを表象))  「横切り」表象2
```

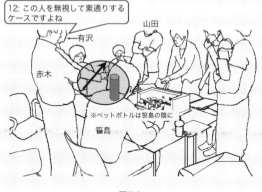

図7.3

((このアングルからはペットボトルは笹島の陰に隠れている))
山田 13：そうですそうですそうです.

より詳細に見るならば、展示空間内での2人の入場者の距離やスピードなどの動きの質をより想像しやすくするべく、スケールをやや拡大したものとなっており、その意味で表象1を精緻化したものであることが分かる。

このように、本来の用途としては「立っている人」を表象するものではないペットボトルを類像記号として用いることは、その場の環境を構造化することによって、その後の相互行為のための記号論的資源の布置を提供するものとなる (Goodwin, 2003a)。

しかし、さらに重要なのは、**事例7.1**と同様、ここでもこのジェスチャーは未来についての否定的な予測を述べる発話と共起しているという点であろう。「時に」(11) は仮定法をマークしており、「無視して」や「素通り」(12) は否定的な行動を記述するものである。加えて、「素通り」は単に「横切り」という行動の種類を記述するだけでなく、この動きが素早いものであることを含意するものであり、共起するジェスチャーも素早い強い動きで表現されている (7.4節の議論も参照)。このように、「起こりうる望ましくない事態」についてより具体的な特徴を描写するということこそが、上記のように表象1をより精緻化する方向で変換することの動機なのではないかと思われる。逆に言えば、適切な表象の選択において志向されているのは当該の問題解決プロセスに資するという点だといえるだろう。

7.3.3 現場での検証の際の表象の利用

いよいよここで1.2節で予告した事例が再登場する (**事例7.3**)。そこで述べたように、この事例については、背景知識なしには、発話を見ても映像を見ても、何が行われているのかがさっぱり分からない。しかし、本章のこの段階においては既に、5月10日の13:30から現場で行われる予定になっていた1つ目の課題としてのセンサシステムの検証において焦点となるべき点が、ハイジャックが起こるときの「出会い」端末に立った人と彼の後ろを横切る人との間の距離などを正確に特定することであることが分かっている。従って、このことを踏まえながら、この日の活動の展開をより詳細に追っていくことにしよう。

事例7.3　[現場_110510]　表象3＆4

((岡田は鈴木を伴って「出会い」☞端末のところに歩いていき，
その前に鈴木を立たせる．その後，床にガムテープでマークを付ける))

岡田　01：山田さん((山田が岡田を見る))30センチ:(0.5)
岡田　02：ぐらい離れたところを(0.4)ちょっと(0.5)歩いてみます　宣言
　　　　　((岡田が入口に歩いていき，山田がディスプレイの方を向く))
山田　03：＜は＞い
　　　04　(9.0)((岡田が段ボールでできた什器の間を横切る))

試行＝「横切り」表象3＆4

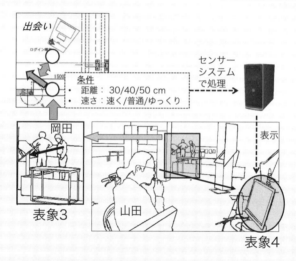

図7.4

山田　05：あ(1.3)((山田が岡田を見る))くっついく＜て＞，入￥れ替わりま￥した　報告
岡田　06：入れ替わりました¿
　　　07　(0.4)((山田が頷き，ディスプレイを見る))
岡田　08：わかりました(0.9)
岡田　09：もう1回やってみます((岡田が入口へ歩く))
　　　10　(11.4)((岡田が段ボールでできた什器の間を横切る))
山田　11：くっついて，入れ替わりました((山田が岡田を見る))
　　　12　(0.5)
岡田　13：入れ替わりました¿
山田　14：うん(1.0)入(h)れ(h)替(h)わ(h)り(h)ま(h)す(h)ね(h)
岡田　15：入れ替わりますよね．30センチで．　評価

ここでは、5月6日のRTで懸念を述べていたセンサシステム開発企業の赤木や有沢の部下の岡田が、将来制作されるはずの実際の「出会い☞」端末と同じサイズと形状の段ボール模型の前に同僚の鈴木を立たせた上で、彼の後ろを歩いている。また、これと同時に、山田はその軌跡と個人ID☞の変化の様子を離れた場所に置かれたディスプレイでモニターしている。

　上記のようなメンバーの実践の目的を踏まえるならば、この検証の1回の試行を構成している行為連鎖は次のように定式化できるだろう。

1. 宣言：岡田が今から試行しようとしている条件（距離と速度）を宣言する（01, 02）
2. 試行：岡田は条件に合わせて歩き、山田はディスプレイ上のID（の変化）をモニターする（04）。これを2度繰り返す
3. 報告：山田が結果を告げ、これを岡田と共有する（05–08, 11–13）
4. 評価：結果の良し悪しを述べる（14–15）

　実際には、距離＝30/40/50 cm、速度＝速く/普通/ゆっくりという試行の条件での検証が行われたため、ここで定式化した流れでの3×3＝9回の試行が行われた。これらすべての条件での試行結果が得られた時点で、山田は結果をメモ帳に表形式で記録した。ここでこうした分業が必要になるのは、もちろん物理的にはこのディスプレイが「出会い」から離れた机の上に設置されているため、横切りの動きをする人物自身がその結果をリアルタイムでモニターすることができないからであるが、より重要なのは、これが分業である以上、両者が上記のような目的を共有した上でそれぞれの作業を遂行しているということが欠かせない、という点である。

　さらに、表象という観点からここで特に注意すべきなのは、この場面で表象として用いられている「出会い」の実寸大の模型や、端末のユーザやその後ろを通り過ぎる「未来の来館者」の役割を果たすメンバーの身体などは、たとえ将来展示になる空間内でのものと同じ位置に配置され、意図された対象物とほぼ同じサイズだとしても、未来の対象物、すなわち展示自体ではありえず、あくまでそれらのものの「表象」であるにすぎない、という点である（表象3）（**図7.4**左）。なぜなら、当然のことながら、実際の展示は「まだ存在していない」からであり、より重要なこととして、ここではこれ

らのもののもつ特徴のうちのいくつかだけが現在の作業の目的に関連したものとなっており、その他の詳細は捨象されるべきであると考えられるし、実際参与者たちもそのように行動していると理解できるからである。

　すなわち、まず一方で、各試行の直前の「宣言」によって、当該の試行の際の参与者の注意の焦点が一部の特徴のみに限定されているはずである。他方、当該の「横切り」の動きはセンサシステムによってすぐさま数値データに「変換」されて、さらに別の表象として2次元のディスプレイ上に表示されるものとなる（表象4）（図7.4右）。そして、この宣言で焦点化された特徴に関するそれぞれの試行条件ごとの「結果」こそが、ディスプレイ上の表示から読み取られるべき要点となるのである。その意味で、実寸大の表象3とディスプレイ上の表象4とは偶然同じ事態を表象しているのではなく、むしろこれらの表象を用いた一連の実践は「専門的活動としての見ること seeing as a professional activity」（Goodwin, 1994）を注意深く達成するものであると見なすことができるだろう。

　さらに、このような仕方ですべての条件での結果が得られると、山田は立ちあがり、メモ帳を持って岡田のところに行き、「いい情報」と言いながら、結果を3×3の表形式でメモ帳に記入する（表象5）（図7.5）。この表象もまた、複数回の「横切り」の動きの表象であるといえるが、これまでの表象とは異なり、もはや類像記号ではなくなっており、各距離・速度でのIDの変化の情報のみを含み、身体運動や空間的特徴に関するその他の細部は捨象されている。このようにして、具体的な表象は連続的に変換され、専門的な文書として結実することになる（Smith, 1984）。これが5月6日のミーティング室でのRTにおいて最初に指摘された「横切り」という未来の出来事に

図7.5　「横切り」表象5：検証結果のメモ

ついての表象が、時と場所を変えながらの一連の変換を経て、最後に辿り着いた地点である。

7.3.4 検証結果の波及の際の表象の利用

直前で(調子に乗って)「最後に」と書いてしまったが、表象5にはまだ肝心な役割が残されている。7.3.1節で述べたように、以上の課題1のセンサ検証はその結果を課題2において波及させることが最初から予定されていたはずではないか。

15:30から始まった課題2の什器配置の調整は未来館のもう1人の展示手法担当の平泉によって主導され、各什器の前にフロアスタッフを立たせた上で、製作施行☞責任者の笹島や空間デザイン☞担当の山内、坂東と議論しながら進められていった。笹島がセンサ検証に関する上記の結果に基づく「出会い」端末の位置に関する結論(「少し後方に下げる」)を報告した後、彼らはこの端末の周囲の什器の段ボール模型の位置を再調整しはじめる(図7.1および図3.1参照)。するとそこへ山田がやってきてこの作業に割り込むが、その際、案の定、検証の際に記入した先ほどのメモ(表象5)を手にしており、これを参照しつつ、「出会い」端末にもポインティングしながら説明を行っていく(図7.6)。このように、メモやその他の文書のようなより抽象的な表象は異なる状況でも容易に利用できるものであり、しかも単に偶然そうした性質を備えているのではなく、むしろこうした用途を見すえて作成された表象なのだとも言えるだろう。平泉もまたこの端末を指差し、現在の「出会い」端末の位置がこの検証結果を既に反映した後のものかを笹

図7.6 「横切り」表象5の再利用

島に確認する。このようにして、センサチームという1つのサブグループによる検証の結果は、これについての表象を介して、空間デザインチームという他のサブグループによる別の作業へと波及効果をもたらしていくことになる。

7.4 議論

以上、先行するRTの中で「出会い」端末の位置に関する問題が提起された際や、制作現場でこの問題を解決する際に、同じ事態を表現するさまざまな異質な表象がどのように用いられていたかを辿ってきた。結論から先に述べるならば、既に7.2節で予告していたように、グループによる一連の協同問題解決活動がこれらの表象の間の変換を通じて達成されていた一方で、それぞれの表象の適切性もまた、これがこの問題解決プロセスの中のどのような局面で、どのような目的を果たすために用いられているかという観点から評価されるべきものであることが明らかになったといえるだろう。以下では、こうした全体の流れ(**図7.7**)を振り返りながら、それぞれの表象の持っていた特徴について再度吟味してみたい。要点は、表象1から5は共通して、「出会い」端末の位置とその周囲での来館者の動きを表象する

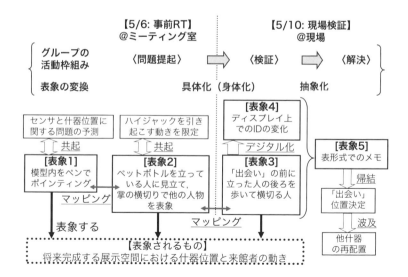

図7.7 活動の枠組みと表象の変換

ものであったわけだが、問題解決活動の中のどの局面で生じたかが互いに異なっていた、という点である。

　まず、表象1と2はミーティングの中での〈問題提起〉のフェーズで用いられていた。RTのようなミーティングはミーティング室☞（3.2節の図3.4、3.5）で開催されるものであるため、その場ですぐに利用できる物質的なリソースは限られている。そのため、未来の展示空間から離れたミーティング室の中で、まだ存在していない指示対象について議論するためには、縮尺模型や図面などのあらかじめ用意されたリソースが用いられることも多いが、これらの既存の表象は静的なものであるがゆえに、表象される対象物のサイズやその周囲での人間の行動といった、ことによると重要かもしれないいくつかの特徴が表現されていない（Murphy, 2005）。そこで、こうした特徴は発話やこれに伴うポインティングや他の種類のジェスチャーなどによって適宜補われていく（Goodwin, 2007）。まず表象1はこうした性質のものであった。しかし、このような、既にそのために用意されていた表象では事足りないという場合には、その場にあるさまざまな物体をその本来の用途とは異なる仕方で表象として利用するということも生じる。これがペットボトル（しかも他人の）を使った表象2である。

　表象1と2はよく似た対象物や出来事を表現しているが、相違もある。表象1はより俯瞰的であり、問題のある行動が起こる可能性のある「場所」を示すのに適したものであったのに対して、表象2はより大きな縮尺であり、その行動の持つより詳細な動作の質などを表現するものとなっていた。現場での検証の際の条件として「距離」だけでなく「速度」が追加されたのも、表象2の持つこうした特徴によるものだった可能性もある。

　その一方で、ミーティングの際に利用できるリソースに関するこうした制限にもかかわらず、こうした表象を用いつつ行われる、未来の事柄についての「問題を提示する」という行為自体は、第5章での「懸念導入表現」の事例などからも明らかなように、ミーティングというインタラクションの局所的な文脈の中での「気づき」に基づいて生じやすく、また、ミーティングの場で表明されることによって、他のメンバーとの間での問題の共有が図られやすいという利点もある。実際、もしこうした問題共有がなければ、そもそも表象3〜5を用いた検証自体も行われなかったとすら言えるかもしれない。このように、各表象はインタラクションの文脈と物質的環境の

両方に埋め込まれており、また両者を架橋するものとして機能している[2]。

　次に、表象1や2とは対照的に、表象3〜5は現場で観察されたものであった。その中で、表象3は〈検証〉作業の核である「試行」にそのまま対応するものである。現場において、表象される対象と同じサイズと形状を持った段ボール模型や人間の身体による動きを用いることはこの目的にとってほぼ最適といってよい。このように、より俯瞰的だった表象1から実寸大の表象である表象3までの精緻化という方向での表象の変換は、問題を発見し、これを定式化した上で解決するという一般的な問題解決プロセス（5.7節）に沿う方向のものであると言えるだろう。

　しかし、思い出さなければならないのは、これらの表象についてさえ、その適切性は「ハイジャック」の発生の有無の検証とその結果に基づく什器位置の再調整という、事前に共有されていた課題（7.3.1節）との関連性の観点から評価されるべきものであり、この課題に無関連な詳細は無視されるべきである、という点である。つまり、あらゆる細部における類似のようなものは必ずしも必要でない。その証拠に、表象3はセンサシステムによって直ちに表象4、すなわちディスプレイ上での軌跡とIDの変化へと変換され、さらに、この情報は距離と速度という現行の問題解決に最も関連した観点から組織化され、最終的にメモ帳の上の1枚の表（表象5）へと集約されるに至るのである。このように、表象3から5への抽象化は問題解決プロセスが〈検証〉から〈解決〉へと進んでいくことと軌を一にして起こっている。さらに、この表象5はその抽象性によって、今度は「出会い」端末周辺での什器の再配置という次の課題のためのガイドとして再利用されている。

　以上で確認してきた表象の変換という過程は、1つの指示対象についての複数の表象がメンバー間のインタラクションを通じて変化していくという点では、LeBaron（1998）による「屋根」のジェスチャーの分析にも類似している。しかし、LeBaronの分析の焦点は「屋根」を表象するジェスチャーが徐々に洗練され、「記号化symbolic」していく過程にあり、このようにして記号化したジェスチャーが後続のミーティングの中で他の目的のために利用可能になるという点にある。対照的に、本章で取り上げたエピソードにおいて特徴的だったのは、各表象は必ずしもある客観的な基準に照らして精緻化していっているのではなく、それぞれの適切性はそれが問題解決活動の中のどの局面に貢献することを意図されたものであるかという観点

から判断されるべきものである、という点であったと言えるだろう。

　本章の冒頭での疑問に戻ろう。対象をこれとの類似性に基づいて表象する類像記号にとって、普通に考えれば類似性の比較のし様のない「まだ存在していない」対象物を表象する際の「類似性」とはどのようなものであると考えなければならないか。もちろん、これに対する解答は他にも複数ありうるとは思うが、本章でのこれまでの議論からは、少なくとも問題解決という活動の文脈においては、この問題が適切に設定されている限り、そこで使用される表象はこの問題の解決に資するものであるかという点から評価されるべきものであり、また、本章で取り上げたエピソードにおいては、実際にそのようなものとして効果的に利用されていた、ということまでは言えそうな気がする。

　この点が確認できたことだけでも一定の意義があるものと考えてはいるが、その一方で、ここでいう「適切性」はやはり厳密な意味での「類似性」とは異なるのではないかという感触も残る。「類似性」という言葉の意味に再度立ち返るならば、やはりこれらの表象が似ているのは「想像上の何か」とであるというべきではないかと考えたくなる。しかし、だとするならば、現実世界における指示対象という「正解」を参照することができない以上、メンバー同士の間でこの「想像」が「共有」されていることこそがこうした表象にとってのもう1つの生命線となるだろう。そこで、次の第8章では、メンバーが「想像を共有する」というインタラクション上の実践について、さらに詳細に分析することにしよう。

注

1　このことは、同じようにメンバーが現場に赴いてセンサの動作を確認しているとしても、その目的が例えば「センサの挙動について初心者に実演して説明する」（高梨、2017a）といったものの場合には全く異なる着眼点からの評価が適切なものとなる、ということからも言えるであろう。

2　インタラクションのマルチモーダル分析においては、インタラクションが行われている環境の物質的側面を適切に分析に取り込んでいくこと（Streeck et al., 2011）がいわば分析者の「腕の見せ所」となるが、その際には、物質世界自体もまた、インタラクションの軌跡の中で参照されることによってはじめて「記号論的リソース」（Goodwin, 2000）となるという側面にも留意する必要がある。

【転記記号一覧】

[	発話重複の開始位置
（数字）	沈黙の秒数
(.)	ごくわずかの間隙（0.1秒前後）
::	直前の音の引き延ばし（コロンの数は引き延ばしの相対的長さ）
.	下降調の抑揚
,	継続を示す抑揚
¿	やや上昇調の抑揚
-	直前の語や発話の中断
＜文字＞	前後に比べてゆっくりと発話
￥文字￥	笑っているような声の調子
文(h)字(h)	笑いながら発話
.hh	息を吸う音
（（文字））	転記者によるさまざまな種類の注釈・説明

8

想像を共有するための身体的技法

平本毅

8.1 はじめに

　ミーティングを観察していて不思議に思うことの1つは、制作チームのメンバーがただ会議室で机を囲んで話し合うだけでなく、どういうわけか展示物ができることになる空間(以後これを「現場☞」と呼ぶことにする)に出かけ、そこで立ったまま話をすることがある、ということだった。工事の進捗時期にもよるが、現場に訪れたからといって、特別話しやすい環境が備わっているわけでもない。ほとんど何も置かれていないこともあるような空間の中で話し合うことが、なぜか制作チームのメンバーに時々選択されるようだった。この行動の裏にあるのは何か、という疑問に、本章では取り組んでみたい。

　なぜ制作チームのメンバーは現場に出かけて話し合うのか。この疑問に答えるには、当然のことながら、現場で彼/彼女らが具体的に何をしているかを観察することから始めるとよい。データを繰り返し見る中で分かってきたことは、現場に赴く理由が、どうやらメンバーの仕事の性質と関連するものらしいということだった。本書を通じて繰り返し指摘してきたように、彼らは、まだ存在しない事物とそこで生じる出来事をデザインする仕事に携わっている。それゆえ彼らの重大な関心事は、それらの事柄をどれ

だけ精確に想像し、そのイメージを共有することができるか、というものになる。『アナグラのうた』が完成したとき、その場はどんな雰囲気に包まれていて、どんな物が配置されていて、入場者たちはどのように動くのか。こうしたことを事細かに想像し、そのイメージを共有することを通じて、制作チームのメンバーは、展示空間内で生じうる問題点を首尾よく見つけ出し、予防的に対処していっている。どうも、実際に展示物が配置されることになる空間に身を置くことによって、制作チームのメンバーは具体的に、身体的な実感を伴った形でこれらの事柄の想像を行っているのではないか。

こう思い至ってより詳細にデータを観察してみると、確かに制作チームのメンバーは、現場を歩き回り、時には入場者になりきって振る舞ったりしながら、ああなるかもしれない、こうなるかもしれない、と想像上の場面について身振りを交えつつ話し合っている。この話し合いの中で、制作チームのメンバーはどうやって具体的に想像を表現し、共有していっているのだろうか。このことを本章では明らかにしたい。

この章で施す分析は、これまでの章で行ってきたそれと比較して、粒度の細かいものに映るかもしれない。身振りの軌道や頷きのタイミング、頭部の向きなどの身体動作と発話の関係が、この章の分析の対象となる。なぜそんなに些末なことを見ているのか、不思議に思う人もいるだろう。だがそれは、『アナグラのうた』制作チームのメンバーが従事している仕事を、彼らの物差しで記述しようとした結果の細かさなのである。その細かさの一端を、本章では記述したい。

8.2　想像の共有

分析に入る前に、将来の出来事を想像することについて少し掘り下げて考えてみたい。読者の中には、物事を想像することは個体内の認知過程で生じる事象であって、その過程を相互行為の分析により明らかにすることはできないのではないか、と考える人がいるかもしれない。この疑問はもっともなものだろう。人が頭の中で何を想像しているかを、ビデオデータで映し出すことはできない。だが忘れてはならないことは、制作チームのメンバー自身が、頭の中のイメージを互いに伝え合い、共有する仕事に

従事しているということである。この作業抜きには、彼らは展示物を制作できない。言い換えれば、制作チームのメンバーは、他者の想像にアクセスし、それを共有することを仕事（の一部）にしている。

　他者の想像にアクセスすることが、心的な事象であるだけではなく方法的に成し遂げられる社会的な活動でもあることを、会話分析[1]の創始者Sacksが指摘している (Sacks, 1992: Vol. 2, 401–2)。たとえば誰かに「お前が乗っていたあの車を思い出せよ」と言われた時、疑いなく人はこれまで所持していた車を思い浮かべようとするだろうし、それは車を所持したことがない人でさえ変わらない。ここでは隣接ペア（4.1節参照）という仕掛けが使われて、他者の想像へのアクセスが行われている。同様にイメージを「共有」することも、やりとりの具体的な展開の中で、方法的に成し遂げられていく事柄である。たとえばSidnell (2011) は、子どもの見立て遊び（ブロックを車と見立て、おもちゃとして扱うなど）において、見立ての前提となっている想像の共有がどう成立しているかを分析している。こうした、複数人が協働で想像を組み立て、そのイメージを共有するような方法の群のことをMurphy (2005; 2011) は、「協働的想像 (collaborative imagining)」と呼んでいる。

　その場に存在しない事物や出来事についてのイメージを共有するという活動に用いられる1つの際立ったやり方は、その有り様を身体を使って演じ、語りながら聞き手に説明するというものである (Murphy, 2011; 西阪, 2008; Sidnell, 2006)。『アナグラのうた』制作チームのメンバーもしばしば、展示物を操作する（将来の）入場者の動きを実演してみせたり、設計中の装置のはたらきを身振りで表現することによって、他のメンバーに自分の想像を説明する。

　これを行う上で問題になりうることの1つは、『アナグラのうた』が、一定の広さの空間内に配置された、様々な装置の間を入場者が巡り歩き、操作を行う中で出会う、多種多様な出来事の総体から構成される展示物だということである。このため制作チームのメンバーは、自分の身一つで、あるいは現場に置かれた模型やその他の人工物などの、まだ展示物ではない何かを使って、複雑さを究める展示物のイメージを表現しなければならない。

　この課題は、展示コンセプトからもたらされるものである。『アナグラのうた』は「実際に空間情報科学が社会に実装された状態を展示空間全体で

再現し、その空間内で来館者が行なったり感じたりするすべての体験が、展示コンテンツとして意味を持つようにする (p.26)」ように設計されている。比喩的に言えば『アナグラのうた』の内部で入場者たちは、1つの世界とそこで繰り広げられる物語に出会い、その住人になる (2.2節参照)。この、まだ見ぬ世界で繰り広げられる出来事のイメージを表現することが簡単なものではないことは、容易にわかるだろう。本章では、この、『アナグラのうた』制作における想像とその共有の難しさの問題を2点に分けて論じ、その問題を解くために使われている方法をそれぞれ記述したい。

8.3　第一の問題：想像を「共有」すべきポイントをどう伝えるか

　想像とその共有にまつわる第一の問題は、どうやって話者が、受け手に想像を「共有」すべきポイントを伝えるか、というものである。制作チームのメンバーが想像上の出来事を演じ、語りながら聞き手に説明する際、その語りはしばしば長いものになる。というのも、先述のように『アナグラのうた』は多種多様な事物 (装置、出来事、映像etc.) から構成されるので (3.1節も参照)、この装置があってここに人が立っていたとして、というふうにイメージの要素をいくつか配置し、それらを踏まえながら語りを組み立てなければならないからである。だから語り手はその語りの内部で、いくつかのイメージの要素 (たとえば特定の身振り) を強調し、それにより特別に「共有」すべき想像のポイントを相手に伝える必要性に直面する。

8.3.1　方法：演技中の「振り向き」

　1つ事例を見ながら、上記の問題を解くために使われている方法の候補を挙げよう。次の**事例8.1**では赤木が向井に、「迷子センター☞」(後の再ログイン端末☞) で生じうる問題を想像して伝えている。

事例8.1[2]　[現場_110208]⤴

```
01   赤木:結局(0.3)あの:向井さんおっしゃったように結局
02   赤木:(0.3)こうやって(.)じゃあ全員が迷子センター⤴に行ってどんだけ(0.6)
03   赤木:え一回復できるんだってよのもあると思いますんで,
04        (0.4)
05   向井:あ,そういうのもありますか
06   赤木:>いやいや<結局]こうやって<(.)列に:なったときにですね¿(0.3)
07   赤木:結局::じゃあ(.)★1ええと迷子センターで,
                  hs he
                   n
08   赤木:>こうやって<登録して,★2
09        (.)
10   向井:うんう[んうん
11   赤木:    [たぶん人間て,(0.2)グループだとすると:,
12   赤木:>こうやって<「じゃあ君ね」★3って次待つんですよ
```

図8.1　参与者の身体動作

　ID⤴情報が失われた入場者は「迷子センター」でチケットを再提示して情報を登録し直すことになるが、赤木によると皆が一斉に「迷子センター」を訪れると、グループで来ている入場者が自分の再登録が終わった後にその場で他の者を待ってしまうために、入場者同士の接近状態が生じてID情報が再び失われるおそれがある(11–12行目)(第5章の事例5.9も参照[3])。このことを表現するために、赤木はまず向井に向いた体勢から06行目で半身を反らせ、両手で自分の身体の後方に「列」(06行目)ができている様子を「こ

うやって」（06行目）と言いながら表す。この後彼は本格的に向井に背を向け、向井の眼前に滑り込むように移動して、入場者の振る舞いを演じ始める（図8.1-★1）。ここで表現されるのは、「迷子センター」にチケットをかざして[4]再登録を行う入場者の振る舞いである。赤木は右腕をしならせ、二度想像上の「迷子センター」にチケットをかざしてみせる。二度目のストロークが終わった直後、「＞こうやって＜登録して，」（08行目）と言いながら赤木は大きく向井を振り向く（図8.1-★2）。次に表現されるのは、再登録を終えた入場者が列から外れ、後ろに並んでいた同伴者の側で待つ様子である。赤木は少し横に移動し、右手を前方に伸ばして「＞こうやって＜「じゃあ君ね」って次待つんですよ」（12行目）と言いながら、先ほどまで自分がいた位置を指し示す。このとき赤木は向井の方を見ている（図8.1-★3）。

　まとめると、向井は発話と身体動作を用いて、入場者がグループで来ていること、「迷子センター」があること、その前に列ができていること、再登録が行われたこと、列から外れた入場者が側で同伴者の再登録を待っていることなどを表現している。こうした一連のイメージを伝える語りの中で、どうやって赤木は特に「共有」したいイメージをハイライトすることができているのか。これが、最初に扱う相互行為上の課題である。

　この相互行為上の課題を解くにあたって、赤木は、特定の身体動作を使っているように思われる。08行目の「＞こうやって＜登録して，」という発話の末尾で、赤木は上半身を捻って後方の向井の方を向く。ここで向井が「うんうんうん」と返している（10行目）ことに注意しよう。このとき向井は赤木の説明を理解したことを示し、二者が向き合うことによって、赤木と向井のイメージの「共有」が公然化されているようにみえる。これが、本節で記述する現象である。我々が収集したデータの中には、この例のようにまだ存在しない事物や出来事を演じながら説明している最中に、語り手が聞き手に「振り向く」振る舞いが繰り返し観察された。

　この「振り向き」がたんに頻出する動作だというだけではなく、相互行為上の課題を解くために用いられる有効な方法であることを例証するために、その特徴を洗い出していこう。

8.3.2　想像の共有

　事例8.1に見られた「振り向き」が、「想像の共有」を志向して行われるものであることを例証したい。そのために以下の段階を踏もう。まず「振り向き」が生じる位置を特定し、その位置が特にイメージを「共有」することが相互行為上の課題になりうるような場所であることを例証する。次に「振り向く」際の話し手の身体動作と発話を分析し、それがイメージを「共有」することを聞き手に働きかけていると記述可能なものであることを示す。最後に聞き手の反応を分析し、それが想像の「共有」を志向して行われているものであることを示す。

8.3.2.1　「振り向き」が置かれる位置

　「振り向き」が生じるのはどういう位置だろうか。結論を先に言うと、「振り向き」は、語り手が特にイメージを「共有」したい場所であることが聞き手にとって理解できる位置に置かれる。

　事例8.1では赤木が「ええと迷子センターで，＞こうやって＜登録して，」（07-08行目）の「＜」の位置で「振り向き」始める。この位置は赤木が、彼の考える問題を例示するためのステップとして、場面の設定を確立する位置である。「迷子センターで」「＞こうやって＜登録」と言いながら右手を振り下ろすことによって赤木は、「迷子センター」で「登録」する入場者の行為をはっきりと表現している。ここでは、「こうやって」という表現に先立たれることにより、「登録」する赤木の身振りを注視することが適切なものになっている。この後「待つんですよ」（12行目）と言いながら再登録を行った者が他の者を待つ様子を身振りで表現する（ことによって問題を例示する）際（図8.1-★3）に、他の者を待つ者と待たれている者の位置関係の近さが、先に表現された「登録」する者の立っていた位置によって想像可能になっていることに注意しよう。「迷子センター」の位置は固定されているので、後から再登録を行う者も最初に再登録を行った者と同じ位置に立っているはずである。だから最初に再登録を行う者の様子に関する想像を「共有」しておくことは、赤木が表現したい問題を伝えるためのステップとして理解できる。赤木が「振り向き」始めるのはこの位置である。

このように「振り向き」は、語りの中でイメージを伝えることにより行おうとしている活動にとって、そのイメージを「共有」することが特に相互行為上の課題となるような位置で生じている。

8.3.2.2　想像の「共有」を働きかけること

身体的志向の分化と活動の分化

　直前では、「振り向き」が、特に想像を「共有」することが相互行為上の課題になるような場所に置かれることを見た。だが「振り向き」が「想像の共有」のための方法であるというためには、さらに進んで「振り向き」自体が実際に想像を「共有する」ことと結びついていることを示さなければならない。「振り向き」が生じる際に行われている語り手の演技の状態を見てみよう。先述のように語り手は想像上の事物や出来事を演じている。もちろん「振り向く」時に語り手はこの演技を解消することもできるはずだが、**事例8.1**の「振り向き」に見られるのは、演技が解消されないということである。このために語り手の動作は、想像上の出来事や行為を聞き手に見せながら、それについて聞き手に反応を求めているものに見える。赤木は向井の方を振り向きながら、かつチケットを「迷子センター」にかざす身振りをやめない（**図8.1-★2**）。

　Schegloff (1998) が「身体の捻り (body torque)」と呼んだ現象について観察したことが、ここでの議論に役立つ。Schegloffは誰かと話している時に背後から別の誰かに話しかけられた場合などに、話していた者が上半身だけを捻って、話しかけられた者に向く現象を記述した。彼の議論の要点は、「身体の捻り」により2つの身体的志向が併存し、しかもこの2つが従事している相互行為の観点から階層化・構造化されるということにある。上半身を捻ることによって話しかけられた者に向いた時、その者の腰から下（あるいは肩まで）はまだ最初の相手に向いており、そのためこの振る舞いにより、最初の相手との相互行為と話しかけられた相手との相互行為という、2つの相互行為の枠組みに向けた身体的志向が併存することになる。しかも、「話」という活動は身体部位のうち頭部によって管理されるから、この者は話しかけられた相手との話に当座従事することが分かる。演技を維

持しながら「振り向く」時、赤木の身体的志向も2つに分化している。すなわち、直立する姿勢とそこから伸びる右腕はチケットをかざす想像上の入場者を表すという活動に向けられており、他方で頭部は聞き手への働きかけに向けられている。

活動の階層化

　加えて、2つの身体的志向の分化により現れた2つの活動は、想像上の出来事の演技を背景とし、そこに「想像の共有」のための聞き手への働きかけを前景として埋め込んでいくような形で階層化されている。言い換えれば、この2つの活動は排他的なものではなく、むしろ2つが階層関係をもって組み合わされ構造化されることによって、1つの、語り手が表現するイメージについて「共有」を求めるという行為が組織されている。この階層化は、首から下の演技の展開を止めるという振る舞いによりなされる。赤木が「振り向き」始めた時、首から下が表す想像上の入場者の動きは、先に進まない。入場者は別の操作を行うかもしれないし別の装置に足を進めるかもしれないが、そうはならず、チケットをかざす右手を差し出したまま身振りが保持される（図8.1-★2）。

　このように語り手は、表現自体は続けつつも想像上の出来事や行為の演技の進行を止めたことが分かる形で、またその進行の停止に結びついて頭部の動きが生じたことが分かる形で、身体と発話とを配置している。これにより首から下の演技は背景へと押しやられ、頭部の動きによる聞き手への働きかけが前景に浮かび上がってくる。だが背景は相互行為の中で役割を持たないわけではなく、背景である限りにおいて、前景を理解するための文脈である。この背景に乗せられた頭部の動きは、演技とそれに伴う語りへの理解を示せという指示として理解されるだろう。そして次項で例証するように、聞き手は、この動きに対して反応する。

8.3.2.3　聞き手の反応

　「振り向き」が想像の「共有」を働きかけているとするなら、聞き手の側はそれに対して何らかの反応を返すことが求められるだろう。**事例8.1**に現

れた「振り向き」に見られるのは、聞き手がそれに合わせて「うんうんうん」（**事例8.1**の10行目）と言って、肯定的な反応を返していることである。ここでさしあたり「肯定的な反応」という曖昧な表現を用いたのには理由がある。「うん」「はい」や頷きは、語り手の言うことを認めるだけでなく、語りの先を促す手段としても使われうる (Schegloff, 1982)。これらの反応は語りの先を促す手段として使われているだけで、ことさら想像の「共有」を志向したものではない可能性がある。

この可能性に対しては次のように言うことができるだろう。聞き手の反応は、語り自体の区切りというよりは、語り手の「振り向き」に対してなされていることが多い。**事例8.1**で赤木は、「振り向き」ながら僅かに顎を上下させて頷く。こうすることにより語り手側も、「振り向き」により相手に反応を求めている。これらのことから、聞き手がたんに語りの区切り（ターン構成単位TCU（4.1節）の完了点やTCU内部の区切り）で語りの続きを促すために「うん」や「はい」と言ったり頷いたりしたのではなく、語り手により形成された、肯定的な反応が求められる位置でそうしていることがわかる。

8.3.3　第一の問題のまとめ

以上、制作チームのメンバーが想像を「共有」する際に用いる「振り向き」の方法を明らかにしてきた。「振り向き」はメンバーの語りの、特に想像を「共有」することが相互行為上の課題となることが聞き手に分かる位置で生じる。このとき語り手の演技は進展を止め、これを背景にして頭部の動きで聞き手に働きかけることにより、想像の「共有」を求める。これに対して聞き手はしばしば、この働きかけに応じていることが分かる形で反応を返し、「想像の共有」を達成する。**事例8.1**の「振り向き」の事例で、聞き手の反応が返されてからはじめて、語り手が説明の次の段階に進んでいることに注意しよう（11行目）。このように「振り向き」は、振る舞いが「想像の共有」を志向して組織されていることが参与者にとって分かる形で用いられる方法である。

この方法は、参与者が相互行為上直面しうる課題を解く手立てになっている。語り手が将来の出来事を演じ説明するとき、想像の共有を確認するためにわざわざ聞き手の方を向き直って身振りを解消していたら、そもそ

も何を共有しようとしているかが分かりづらくなるし、説明するという活動の進みをいちいち止めて、やり直さなければならなくなる。かといってずっと聞き手の方を見ながら説明していたなら、聞き手の注意が演技の方に向かなくなってしまうだろうし、説明の特定の部分を強調することも難しくなる。「振り向き」はこういった潜在的な相互行為上の課題を解くための手立てとして働いている。

8.4　第二の問題：複雑な物事に関する想像をどう表現するか

　想像とその共有にまつわる2つ目の問題は、どうやって展示空間内の他の事物との関連の中で、ある出来事に関する想像を伝えることが出来るのか、というものである。繰り返し論じているように、『アナグラのうた』の展示空間内には様々な人工物が配置され、入場者はその中を動き回る（第3章参照）。それゆえ、展示空間内で生じうることを想像し伝えようとするとき、制作チームのメンバーはしばしば、複雑な人工物と人の配置の関係を表現するという課題に直面することになる。だが当然のことながら、イメージを伝えようとする話者には自分の四肢があるのみである。工事の進捗時期によっては現場に装置の模型が置かれていたりもするものの、特に初期はがらんとした空間の中で[5]、話者は、そこに将来現れるだろう様々な事物の複雑な関係を表現する。これはどのような方法を用いて可能になっているのだろうか。

8.4.1　身振り表現のやり直し

　「振り向き」の分析に引き続き、扱いたい方法の例を1つ検討することから始めたい。メンバーは時折、イメージを身振りにより表現する際に、その身振りを中断して、その身振りと組み合わされて理解されるべき別のイメージを表す身振りを差し挿んだ後に、最初の身振りをもう一度実行する。こうすることにより、話者は、身振りによる表現を受け手にとって分かりやすいものにしようとする。この際に、入場者による人工物の操作、入場者と他の入場者の関係、人工物と他の人工物の関係といった、将来現れるだろう様々な事物の複雑な関係が描かれる。そして受け手は、そういった

複雑な事物の関係の中で、想像を働かせるように求められる。
次の事例を見てみよう。

事例8.2 ［現場_110208］

```
01   向井：>これ<並ばれると,
02        (1.0)((向井が赤木の方に歩み寄る. 赤木はゆっくり顔を上げる)
03   赤木：はい
04        (.)
05   向井：どんな°こと(になるんすかね)°
06   向井：こう(.)だーっt★1
```

★1

```
07   向井：たとえば迷子センター☞(1.1)★2
```

★2

```
08   向井：((手を前方に伸ばして固定し向井を見る))に,=
09   赤木：=はい(.)はい=
10   向井：=だってこう::列☞ができることは((08行目で伸ばした手を後方に振る))★3
```

★3

```
11  赤木:はい
12  向井:けっこうやばいことﾟなんですかねﾟ
13       (1.1)((赤木が向井に近づき始める))
14  赤木:あの:(.)>いや<結局(0.3)
15  赤木:あの:向井さんおっしゃったように結局
```

　この時向井と赤木は現場に立っていた。向井が何かを思いついたように赤木に歩み寄り、入場者が行列☞を作った時に生じうる、センサ計測上の問題を想像し話し始める(01行目)。向井がここで提起している問題は、簡単にいうと「迷子センター」(再ログイン端末☞)の前に入場者が列をなした時に、センサがそれらの人びとを識別できないのではないかという懸念である。向井は「並ばれると」(01行目)「どんなこと」(05行目)になるのかを尋ねた後に、答えを待たずに「こう(.)だーっt」(06行目)と言いながら列ができている様子を身振りで表現し始める(図8.2-★1)。

　向井は身振りを始める時に、赤木と正対した姿勢から身体を開き、視線を下に落として、赤木の注意を身振りに引く(西阪, 2008; Sidnell, 2006; Streeck, 1993)。しかし、このように準備を整えておきながら、向井が開始した身振りはすぐに展開をやめてしまう。向井はオノマトペを発しながら右手を後方に振り、入場者に模した自分の身体の後ろに人が並ぶ様子を表現する。だがこの手の振りはごく短く、「だーっt」(06行目)という言語表現も最後まで明瞭に発されない。これに続き向井はすぐに視線を上げて赤木を見て、「たとえば」(07行目)と言い始める。表現を明確に終わらせることなく例を挙げ始めるのだから、受け手はこの「たとえば」を、向井が表現した

いことを明確にするための例示が始まったものとして見ることができる。ここで向井は右手を前方に伸ばし、「迷子センター」(07行目) と言う(★2)。この身振りは、入場者に模した自分の身体を使って、「迷子センター」を自分の前方に配置したものとして理解できる。

　こうして「迷子センター」の表現を挿み、向井は再び「だーってこう」(10行目) と言いながら、前方に差し出していた右手を、自分の身体を経由して後方に振る(★3)。この**事例8.2**では「迷子センター」の表現が、「行列」の表現を理解するための資源として使われている。つまりこの事例では「行列」の表現が別の表現を挿んでやり直されている。

　こうして身振り表現をやり直すとき、「迷子センター」に並ぶ「行列」という、人工物と多数の人の複雑な関係のイメージが表現されている。向井はだだっ広い空間に身一つで立っているだけだが、空間に想像上の装置を作り出し、そこに並ぶ入場者たちの動きを表現している。

　この身振り表現のやり直しによって、向井は、当時の計画通りに展示物が完成したならその内部で生じる問題のイメージを具体的に、目に見える形で伝えることができている。最初に向井が行列を作る入場者の様子を表現したとき、赤木がそれに応じていない(05–06行目)ことに注意しよう。向井が身振り表現をやり直すのは、このタイミングである。向井は、自分の想像をより分かりやすく、具体的に伝えることを気にかけて、このやり直しを行っていると言えるだろう。

8.4.2　環境と組み合わされる身振り

　さらに詳しい分析に踏み込む前に、身振り表現のやり直しという現象をどう捉えるべきか、相互行為分析の視点から少しだけ論じてみたい。

　身振りというものを考えるとき、ふつう人は、身振りがそれ自体で何らかの意味を持っているものと考えるだろう。確かに、人差し指を立てて自分の唇に当て、静かにするよう促す身振りなど、一般に「エンブレム」(Ekman & Friesen, 1969) と呼ばれるような社会的に記号化・慣習化された身振りの場合、この考え方は正しいように思える。しかし、身振りの中には、その場に存在する他の資源と組み合わされることによって、はじめて適切に意味を理解できるようになる種のものがある。これをGoodwin (2007;

2009) は「環境と組み合わされる身振り (environmentally coupled gestures)」と呼んでいる。たとえば指差しという手振りは、指差している対象 (という環境) と一体になってはじめてその意味するところが分かるものである (Goodwin, 2003b)。

　本節で扱う身振り表現のやり直しも、「行列」の身振り表現をより分かりやすいものにするために「迷子センター」を差し挿むといったように、複数の身振り表現を組み合わせ、それにより意味を成すという意味で環境と組み合わされる身振りの一種であるということができよう。この種の身振りは、想像を表す活動において繰り返し用いられる (Goodwin, 2007: 208; Murphy, 2011: 251)。ここで言う「環境」は、文字通りそれが行われる場所の物理的環境であったり、あるいは発話であったり、他の身体動作であったりする。フィールドには、そうした「環境」となりうる資源が豊富に存在している。『アナグラのうた』ができることになる現場で制作チームのメンバーたちが行っていることは、身振りと身振りを組み合わせることによって、物と人、出来事に溢れた想像上のフィールドを出現させ、その中で議論を行うことではないか。このことを、事例の分析から示していく。

8.4.3　方法：身振り表現の「やり直し」

8.4.3.1　身振り表現の「やり直し」の認識可能性

　相互行為分析にとって重要なことは、1つ1つの分析上の記述について、相互行為の参与者自身がその記述の通りに理解できるものになっていることを説得的に示していくことである。身振り表現の「やり直し」について言えば、なぜその振る舞いは、オンラインでそれを受け取っている者にとって「やり直し」であると受け取られうるのか、これを考えねばならない。言い換えれば、いったん組み立てかけた身振りを中断し、別の身振り表現を差し挿み、最初の身振りが繰り返されるその過程において、「やり直し」に向けた手順が踏まれていることが、どうやって受け手に分かるようになっているのか。このことを次の**事例8.3**の検討から考えてみたい。

　この事例で制作チームのメンバーが立っているのは、展示空間の中央に大きく空いたスペースの上である。何人かの人が立っているが、その中で

事例8.3　［現場_110510］

```
01  笹島：いちばん:気になるのが>こう<[はい]ってきて
02  向井：                            [うん]
03       (0.7)
04  笹島：ここが空間あると(0.3)みんなここでこう立[ち止]まるかな(.)
05  向井：                                    [うん]
06  笹島：っていう:
07       (0.4)
08  笹島：ことはあるのかなあと
09       (0.2)
10  大口：動線としてって(いう[ことでしょ)
11  笹島：                  [どうせんてきにこう:
12  笹島：誰かを待つのに(.)ここでこう待ってて:
```

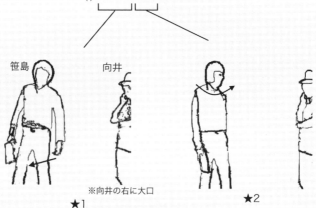

13 笹島：(0.6)3人ぐらいいた時に

14 笹島:ここでこう待たれたらどうなるのかな(.)(センサー)

15 大口:とくに問題ない(···)

　笹島・向井・大口の3人が1つの集まりになっている。笹島は「一番気になる」(第5章参照)ことと前置きしてから、このスペースに入場者が立ち止まる(04行目)ことによって入場者同士が接近する可能性に言及している。入場者が数人のグループで来た場合に、どこかのスペースにその人びとが留まると、それにより他の入場者との接近の危険性が高まってしまう。この事例では、まずは笹島が簡単な身振りを伴って、入場者がこのスペースに「立ち止まる」(04行目)可能性に注意を向けている。

　この注意喚起には受け手から十分な反応が得られない(07・09行目)。そのため笹島は、「誰かを待つのに」(12行目)と言った後に、彼が想像していることを身振りによる演技で本格的に表しながら説明を試みる。**事例8.2**と同様に、話者は演技のために受け手から視線をそらせ、姿勢を受け手と正対しないように配置して、自分の身体全体を受け手の視線に晒す。発話のほうでも、「ここでこう待ってて」とコ系の指示詞が使われることによって、身振りへの受け手の注意が促されている(Streeck, 2002)。笹島は動きながら足を広めに開き、左肩を落として身体を左側に傾け、自分の身体を入場者に見立てて人を「待つ」様子を表現しようとするが(**図8.3-★1**)、「ここでこう待ってて」の「っ」のあたりで急に身振りを解除して受け手の方に向き直る(★2)。身振り自体は、一瞬ではあれ人を「待つ」様子を表現できている(★1)ことに注意しよう。身振り自体は不十分だと言えないものでも、

身振りに結びつく発話の途中で身振りを解除することによって、身振りによる表現が中断されたことが分かるようになる。

この身振り表現の中断に続いて、笹島は、「3人ぐらいいた時に」（13行目）と言いながら左手を伸ばし、「3人ぐらい」いる様子を身振りで表現する（★3）。この「3人ぐらい」の身振り表現を挟んで、再び笹島は「ここでこう待たれたらどうなるのかな」と言って人を「待つ」身振りを行う（★4）。この**事例8.3**では、人を「待つ」身振り表現が「3人ぐらい」の人の身振り表現を挟んでやり直されている。

一方前掲の**事例8.2**でも、身振りに結びつく発話が完了する前に別の発話（と身振り）が開始され（06-07行目）、それにより身振り表現の中断が理解可能になっていた。このように、身振りに結びつく発話が完了する前に別の発話や身振りが開始されることによって、身振りによる表現が中断されたことがわかるようになる。

8.4.3.2 もう1つの身振り表現の挿入

身振りによる表現が中断されると、その後にもう1つの身振りが挿入される。ここで付け加えられる表現はもちろん、何であってもよいわけではない。**事例8.2**の「行列」と「迷子センター」、**事例8.3**の「待つ人」と「3人ぐらい」は、それぞれどちらも同じ展示空間内の事物である。

もう少し条件を絞ると、同じ展示空間内の2つの事柄の表象であるだけでは不十分である。たとえば**事例8.2**で挿入される「行列」が、「端末」と関係のないものでは意味がない。「行列」と「端末」の関係は、それを操作する入場者に模した向井の身体を媒介にして結びついている。**事例8.3**では、グループで来ている入場者の話をしているので、笹島が自分の身体で表している「待つ人」と、左手を伸ばして表現する「3人ぐらい」が同じグループの人であることがわかる。このように、挿入される身振りが最初の身振りと強く結びつけられることにより、最初の身振りの意味も理解できるようになる。

本節で取り扱う身振り表現の「挿入」は、組み合わされるべき「環境」となる身振りを配置することによって最初の表現の意味を明確にする、そのような「挿入」である。ただし挿入される身振りはそれ自体が身振りによる

「表現」なので、それを「環境」と呼ぶことには慎重でなければならないだろう。これを考えるために、挿入された身振りの表現のされ方をより詳しく調べてみよう。すると、挿入された身振りは、その表現が簡略化されていることが分かる。**事例8.2**で「迷子センター」を表現するとき、向井は右手を差し出しただけで、この端末の形状も機能も表現していない。要するに「迷子センター」の表現は、それ自体には表現としての焦点が当たることはない、他の表現のための準備として用意されており、その意味で「環境」としてデザインされている。この身振りが物理的な意味で「環境」であるか否かにかかわらず、「環境」としてデザインされているという意味で、向井は最初の身振りに連接するための「環境」を作り出している。

　もちろん、間に挿む表現は最初の表現への理解を確保するために存在するのだから、間に挿む表現によって何が指示されているのかは受け手に分かっていないといけない。ただしこの表現はあくまで最初の表現を理解するための「環境」なので、それ自体が詳しく表されている必要はないどころか、その表現は簡略化されていなければならない。**事例8.3**では笹島が自分の身体で見立てた、同じグループの人を「待つ人」の表現に、「3人ぐらい」の人の身振り表現を挿んでいるが、「3人ぐらい」と言いながら笹島は左手をさっと伸ばし、すぐに引っ込める。表現されているものが「人」であることやその人数が「3人」であることは、発話を参照することによって分かる程度であって、身振り自体ではそれらのことがまったく表現されない。このように、「3人ぐらい」の人の身振り表現も、笹島が自分の身体で表す「待つ人」の表現と比べて簡略化されている。

8.4.3.3　表現のやり直し

　中断されていた最初の表現は、別の表現が挿まれた後にもう一度やり直されることになる。このとき、やり直しはどう組み立てられるだろうか。明らかなことは、それが他でもない最初の表現のやり直しであることが分かるように組み立てられるということである。**事例8.2**で「迷子センター」の表現に理解が得られるとすぐに向井は「だーって」(10行目)と、表現を中断した「だーっt」(06行目)の繰り返しであることが分かる形で続きを開始する。**事例8.3**では、「3人ぐらい」の人を表した笹島が伸ばした左腕を戻

し、それに続いて再び受け手から視線を外した上で、人を「待つ」身振りを再開する（★4）。このとき笹島は、最初の身振りに伴っていた「ここでこう待つ」（12行目）という発話を繰り返している（14行目）[6]。

　ここで、最初の身振りによる表現が「中断」されたものであったことを再度強調しておこう。この身振りがやり直されるとき、単に同じ身振りの再現以上のことが生じる。**事例8.2**で身振りをやり直すとき、向井は前方に配置した「迷子センター」の位置から大きく右腕を振り、自分の身体の後方に伸ばしている（★3）が、この手の振りの角度は明らかに最初のそれ（★1）と比べて強調されている。**事例8.3**では、身振りの軌道自体が強調されているわけではないが、笹島が行っているのが「待つ」状態の身振り表現であるために、身振りを固定することが、身振りの強調の手段になっている。最初の身振り（★1）は一瞬で解除されていたが、やり直された身振り（★4）はしばらく固定される。

　以上のように、中断された身振りが再開される際には、それが最初の身振りのやり直しであることが分かるように発話と身振りが組み立てられ、またやり直された身振りは最初のものと比べて表現として強調される。

8.4.3.4　想像を共有すべき機会の創出

　上で述べたやり直しに際しての表現の強調は、単に表現自体を分かりやすくするのみならず、話し手が表現を精確でわかりやすいものにすることに志向しており、かつその分かりやすい表現がいまなされていることを受け手に示す手段になる。受け手の側から言えばやり直しの表現が強調された位置は、その表現に対する理解を示すことが適切なものになるような位置である。**事例8.2**では「列」の表現をやり直した時に受け手の赤木が強く「はい」（11行目）と言う。**事例8.3**では、身振り表現がやり直された直後には受け手が明確な反応を返さないものの、このやり直しは笹島の発話順番の後半部分に来ており、笹島が発話を終えてすぐに大日（向井から少し離れて立っているもう1人の受け手）が「とくに問題ない（・・・）」（15行目）と答えている。この事例ではそもそも、自分の問題提起に対して反応が薄いのを見た笹島が説明を加えるために、身振りによる本格的な演技を伴って問題提起をやり直していたことを思い出そう。身振り表現のやり直しは、不在だっ

た受け手の反応を引き出している。

　以上のように、想像を表す身振りのやり直しは、受け手がその表現(とその表現を用いて行っている行為)に反応する(理解を示す、行為に応じる)機会を作り出す。

8.4.4　第二の問題のまとめと考察

　本節では、『アナグラのうた』制作チームの活動の中で繰り返し使われる身振りを検討した。それは、一連の想像の表現の中で、いったん組み立てかけた身振りによる表現を中断し(8.4.3.1節)、関連する別の身振りを挿入して(8.4.3.2節)から最初の身振りをやり直し(8.4.3.3節)、受け手からの応答を引き出す(8.4.3.4節)というものである。この振る舞いが辿る軌道を図に表せば以下のようになるだろう(**図8.4**)。

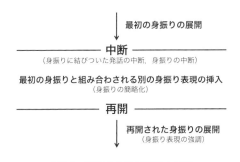

図8.4　環境を作り出す身振りの展開

　この振る舞いは、最初の身振り表現に組み合わされるべき「環境」として別の身振り表現を挿入するという意味でGoodwinのいう「環境と組み合わされる身振り」(8.4.2節)の一種である。

　このように身振りが入念に組み立てられることは、その身振りにより表現される想像を伝えることに話者が気を配っていることを示し、従ってその想像を共有する特別な機会が訪れたことを受け手に理解可能にする(8.4.3.4節)。だから身振りがやり直される際に受け手がそれに対して積極的に理解を示すこと(**事例8.2**)や、やり直しに伴って話者が行った行為に受け手が応答を返すこと(**事例8.3**)が動機づけられる。このような意味で、本

節で観察した方法は想像することと、それを共有することという行為の水準で聞き手に働きかける仕掛けになっている。

　繰り返し述べているように、展示空間内で生じうることの想像とその共有は、制作チームのメンバーの仕事である。そして展示空間内で生じうることは、膨大な数の人工物から構成される環境の中での、何人もの人の行動に及ぶ。だから、特定の場面で生じうることを、その場面を構成する様々な人工物やそこでの人の振る舞いと結びつけて想像することは、制作チームのメンバーが重点的に取り組むべき課題である。本節で観察した、別の身振り表現の挿入を伴う身振り表現のやり直しという方法は、この課題を解くやり方の1つと言うことができる。

8.5　おわりに

　本章では、なぜ制作チームのメンバーがしばしば現場に赴き話し合うのかという疑問を手がかりに、現場で行われている話し合いの分析を行い、メンバーが自分の想像を相手に伝え、共有する際に用いられる2つの方法を明らかにした。この2つの方法はどちらも、想像上の出来事を演じ、語りながら説明する際に用いられるものである。

　1つ目に、メンバーは一連の想像上の事物を語る際に、その中の特定のイメージをハイライトし、それを共有するために、想像を表現する身振りの進行を止めながら聞き手を「振り向く」。2つ目に、メンバーは一度伝え始めたイメージの身振り表現をより分かりやすいものにするために、その身振りの進行を中断し、別の身振り表現を挿入した上で、最初の身振りをやり直す。このとき、複数の想像上の人工物や人、出来事の関係が表現される。

　ユーザ経験デザインの分野では、あるデザインにより生じうるユーザの経験を想像し、演じることでアイデアを検証する「行動化（アクティングアウト）」（浅野、2011）という手法を使うことがある。『アナグラのうた』制作チームのメンバーは、意図的に「行動化」を行おうとしているわけではないだろうが、現場に出かけて身振りを交えながら話し合うことによって、ある意味で「行動化」を擬似的に行い、それにより想像とその共有という専門的な仕事を成し遂げていっている。本章で記述した2つの方法は、これを効果

的に行うために彼らが用いる技法だと言うことができよう。

注

1　会話分析の概要については串田・平本・林 (2017) を参照されたい。

2　なお本章では、「振り向き」が生じる発話行とその周辺において①「振り向き」の開始 (hs) ②「振り向き」の終了 (he) ③頷き (n) の身体動作も記述する。これらの身体動作は発話行の上部に並置して記述される。「振り向き」と頷きが両方生じている場合は発話行の一段上に③、そのさらに一段上に①②を配置する。

3　第3章の図3.3にも完成後の展示内で見られた同様の問題についての図解がある。

4　最終的に「再ログイン端末」☞ではチケットを端末に置く仕様に変更されるが、この話し合いの時点ではチケットをかざして再登録を行う方式が想定されていた。

5　「後日談」の島田氏による振り返りも参照。

6　ただしこの事例8.3では、「待つ」の部分が「待たれる」に置き換えられており、発話がそのまま繰り返されているわけではない。この「迷惑の受け身」(益岡・田窪、1992: 105) の使用は、想像を喚起することによって笹島が行っていることがリスクに注意を向ける (第5章) ことであることを強調する方法になっているものと思われる。

【転記記号一覧】

[	発話重複の開始位置
]	発話重複の終了位置
=	末尾に等号を付した発話と冒頭に等号を付した発話との間に間隙がないこと
(数字)	その秒数の間隙
(.)	ごくわずかの間隙 (0.1秒前後)
:	直前の音の引き延ばし (コロンの数は引き延ばしの相対的長さ)
¿	中程度の上昇調の抑揚
,	継続を示す抑揚
文字	語気の強調
°文字°	弱められた発話
>文字<	前後に比べて速い発話
(文字)	聞き取りに確信が持てない部分
((文字))	転記者によるさまざまな種類の注釈・説明

column 5 　未来館撮影業務と2011年3月11日のこと

株式会社らくだスタジオ　田村大

Subject: Re: 未来館の状況と今後
Date: Sat, 12 Mar 2011 21:51:43＋0900
From: Tamura Hiroshi

ご心配おかけいたしました。
まず、僕、そして未来館の皆様、誰一人けが等はなく、全員無事でした。

地震はラウンドテーブル最中におこり、未来館はその構造上かなりの揺れ、また壁の一部
にヒビが入る、内壁の一部がはがれ落ちるといった、見た目にもわかる被害となりまし
た。他のスタッフやインタラクション[1]参加者の話によると、中の展示にも一部被害が出
たようです。

地震後、未来館内の人間全員が館内から退避、テレコムセンターの火災[2]からの煙が空を
覆い、かなりまずい状態なのではと思わせる雰囲気が全体に広がっていました。

その後、インタラクションの参加者、未来館のスタッフ、来客者など周辺の人々が国際交
流会館にもうけられた緊急の避難所に避難し、結局ほとんどの人がそこで一夜を明かすこ
ととなりました。ちなみに、ここでもラウンドテーブルの続きが行われていました。一応
撮影をしてありますが、館内から避難する際にワイヤレスのマイクを回収できなかったた
め、音声がガンマイクでの収録となっております。

翌朝になり、交通機関が復旧するのにあわせて、皆さんはてれでれ帰もされていきまし
た。

島田さんに、来週以降の予定をききましたが、おそらく来週はミーティングはできないだ
ろうという事でした。また、もし行われるとしたら、科学未来館以外の場所で行うことに
なるだろうとの事でした。状況が整理され次第、小澤さんか島田さんから高梨さんのほう
に連絡がいくと思います。

取り急ぎ、ご連絡でした。

田村

「2011年3月11日の出来事を振り返る原稿を書いてほしい」と高梨先生から打診されたのは2018年の1月でした。約7年の歳月を経て、当時の状況を思い出してみるも、あれほどの出来事であったにもかかわらず、驚くほど当時の記憶というものは曖昧で、断片的にしか思い出せませんでした。そもそも、撮影した身でありながら、あの日の撮影データは一度も見ていませんでした。私たちの通常のワークフローであればデータをバックアップ後、必ずデータの破損やコピーの間違いがないか、データを確認するのですが、当時の日本全体を覆った「非日常」感のためか、あの日のデータだけは今日まで一度もデータを再生することはありませんでした(映像の確認前に取り急ぎデータを高梨先生に納品し確認してもらったことも現実的な理由の1つです)。それでも、この原稿を依頼されたのを機に、事務所の防湿庫の奥に保管されたバックアップデータを引き出してみることにしました。

　私たち(株式会社らくだスタジオ[3])は、映像を撮影し、それを編集(演出)し映像商品として仕上げることを生業としています。いわゆる映像制作会社が行うような、企業VP、MV、ドキュメンタリー制作などの他に、本未来館調査のような学術研究用のデータ収録も請負うことが社の大きな特徴です。学術研究用のデータ収録は、その研究目的に応じて撮影方法も様々ですが(例えば、日本手話のコーパスを作成する業務ではスタジオ収録形式で、例えば長野県野沢温泉村の祭礼の調査(本シリーズ第5巻として刊行予定)では吹雪の中で丸1日手持ちで撮影を続ける、といったものがあります)、当時、高梨先生から依頼されたのは、未来館の展示リニューアルにむけた関係者のミーティングや活動の風景をデータ分析用に記録し、撮影後に撮影報告のメールを送るという業務でした。上記の業務例と比較すると、私たちにとってこの未来館撮影は比較的作業感が強い内容でした。そこでの業務内容は、現場での作業を移動しながら撮影するものと、ミーティング場面を固定カメラで収録するものの2種類でした。前者はビデオカメラに外付けマイクを接続して、活動に応じてアングルも適宜変えながら収録を行うものでしたが[4]、分量としては大半を占めた後者においては、撮影者の存在がミーティングに影響しないよう、カメラマンである私はカメラをセットした後、別の部屋へと(もしくは視界に入らない位置まで)移動し、ミーティングが終わるまで待機するというワークフ

ローであったため (Tips1)、なおさら作業感が強かったように思います。それが、私にとっての未来館撮影という「日常」でした。

　そんな「日常」に文字通り亀裂が走り「非日常」が這い出してきたのが3月11日でした。その日の収録は午後からでしたが、当時の私は別件の編集を徹夜で行い、未来館に向かうゆりかもめ線の中でうたた寝しながら現場に向かったことを覚えています。そして、前述した通り、ミーティングの収録が始まってしまうと、カメラマンである私は隣の部屋で待機しなければならず、そこでもまた睡魔と戦いながら、ぼんやりとミーティングの話し声を聞いていたように思います。

　最初に感じたのはぬるりとした横揺れでした。おそらく未来館の耐震構造がそのように建物を揺らしていたのでしょうが、やがて、その揺れ幅の許容量を超えたのか、今までに体感したことない巨大な揺れが建物全体を襲い、隣の部屋からは「やばい」「すげえな」「ガラスから離れて」などといった、ほとんど反射的に発せられたと思われる声が聞こえてきました。収まる気配のない揺れの中、未来館の館内放送が鳴り響きますが、放送するスタッフの声が激しく動揺していたという印象しか記憶にありません。永遠に続くような揺れがゆっくりと収まる中、避難命令が発令。その時ようやく、ミーティングルームに入った自分は、床に倒れていたカメラを手に取り（映像で確認したところ、参加メンバーの中のおそらく梨元氏が倒れるカメラを支えてくれたようでした）、その場にいた全員で非常階段を下りました。階段を下る途中にも余震と思われる揺れが発生し、壁に走った亀裂が広がったり閉じたりしていたのを覚えています。

　未来館の搬入口付近の避難場所に集まったところで自分はカメラを回し始めました。カメラを回し始めてすぐに、誰かが上空を指差して不安げな声をあげました。見ると、未来館の後方付近から真っ黒な黒煙がもうもうと立ち上っています。まるで映画のワンシーンのような「非日常」的光景の中、小澤さんが色々としゃべっていて、島田さんの口数は少なく、向井さんはポケットwifiを取り出してインターネットにアクセスしようとしていました。そんな姿が「未来館っぽいな」と考えたことは記憶にあり、そんな様子に自分は「日常」を見ていたのかもしれません。その時、自分がカメラを回したのは「データ分析のために」とか「仕事だから」などではなく、突然放り出された「非日常」の中で「日常」を繋ぎとめる

「なにか」が欲しかったのだと思います。

　その後、未来館の向かいにある東京国際交流会館にスタッフの誘導のもと避難しました。移動先でどういう流れでそうなったのか全く覚えていないのですが、気がついた時にはミーティングが再開しており、気がついた時には私もそれを撮影していました。思えば、これが間近でミーティングを見た始めての機会だったように思います。しかし、結局のところミーティングの内容は全く記憶にありません。それよりも、避難場所に設置されたテレビから、続々と流れて来る震災被害情報と、延々と鳴り続ける緊急地震速報の音ばかりに意識が集中していました。実際にこの時のミーティングがどれくらいミーティングとして機能していたのかはわかりませんが、撮影をしながら僕がカメラを無意識に回していたのと同じように、スタッフの皆さんもまた、あの「非日常」の中で（あくまで私の主観では）「日常」を維持しようとしているように見えました[5]。

　皮肉にも、3月11日のあの「非日常」を共有したことで、それまであくまで撮影対象者でしかなかった皆さんの「個」というものを意識するようになったように思います。そして「展示制作のためのスタッフとしての姿」ではない、その時の皆さんの姿、ある人は怯え、ある人は気丈に皆をまとめ、ある人は言葉を失う。その姿は、とてもとても「生々しい」ものでした。

　この原稿を書くために確認したあの日の映像データでも、そこに映っていたのはやはり前述したような生々しい映像でした。ぼんやりとした記憶の中でも覚えていた瞬間は、映像の中でもやはり生々しく、自分の記憶の中で編集が行われていたかのような印象を抱きます。ただ1つ、私が全く記憶していなかった「生々しさ」が、その映像の中に記録されていました。それはカメラマンの、私の、荒々しい息遣いです。記憶の中では編集され、カットされたはずのその息遣いは、前述した撮影対象者のそれとは比較にならないほど「生々しく」、今この瞬間も記憶の中で再生され続けています。

注

1　編者注：情報処理学会の複数の分科会が主催した「インタラクション2011」のこと。2011年3月10日〜12日の会期で未来館で開催されていた。

2　編者注：ネットでの情報なので、確かとはいえないが、実際に火災が発生したのはテレコムセンターの建物ではなく、その裏のビル建設現場もしくは倉庫らしい。

3　主に映画、ドキュメント映像の制作、学術研究用のデータ収録などを主業務とする映像制作会社。国立情報学研究所など多くの学術、研究機関のデータ収録を行っている。2010年より本未来館収録業務に関わり、完成までデータ収録に協力した。
http://www.rakudastudio.com/

4　編者注：第3部の「現場」でのデータ（3.2節も参照）はこの方法で収録されたもの。

5　編者注：田村氏の原稿を読み、私も数年ぶりに当日撮影されたビデオを簡単に見直してみた（私自身は当日は未来館で田村氏と落ち合う予定になっており、震災発生時には未来館に向かうゆりかもめに乗る直前だった。そのため、震災発生後のアナグラメンバーの様子は田村氏によるビデオによってはじめて知ることとなった）。すると、東京国際交流会館でのミーティングのメンバーは空間デザインチームと設計施工チームを中心としたものであり、通常もRTの終了後に行われることが多かった「分科会」⏎に近いもののようであった。その中で特に興味深かったのは、メンバーが震災発生前の時点でのスケジュールに基づき、「来週の月曜日に」などと発言していたりする点だった。その意味では、関係者の多くが少なくともこの時点ではまだ、それほど大事にならずに「日常」がすぐに戻ってくると考えていた、あるいは、これまでの「日常」がどのように変化することになるかを想像できずにいた、のではないかとも思われる。

後日談

『アナグラのうた』の制作を振り返る

　第2章では、『アナグラのうた』の制作に携わった小澤氏と島田氏に、制作の経緯や狙いなどについて紹介していただいた。しかし、そこでまとめていただいているのは、主に実施設計・製作施工フェーズが始まる2011年2月までの期間のことであり、これ以降完成までの期間の出来事などについては、第2部と第3部での分析にいわば一旦委ねられる形になっていた。では、本書でこれまで分析したような過程を経て完成した『アナグラのうた』について、お二人は完成後にどのようなことを感じたのであろうか。加えて、小澤氏と島田氏のお二人は、本書の第2部以降の分析においては、「調査される」側にいたともいえる。その意味では、調査された側としての感想というのもお聞きしておくべきではないかと思われた。そこで、本書の刊行がようやく見えてきた2018年2月、刊行に向けた打ち合わせも兼ねて、久しぶりに日本科学未来館を訪問し、お二人へのインフォーマルなインタビューを行った（図9.1）。ここではその内容を『アナグラのうた』制作のいわば「後日談」としてまとめさせていただくことにした。

　両氏には本書の第2部以降の卓稿を事前にお渡しし、あらかじめ通読してきてもらった。このインタビューでこちらから用意していた質問は次のようなものであった。特に2の項目については、今回のインタビューを通じて、これまで調査者が知らなかったいくつかの貴重な事実も判明した。

図9.1 対談風景（日本科学未来館にて）

こうした点はインタラクション分析のみではなかなか明らかにしがたい側面であったと考えられる。

1. 調査された側の視点：本書の内容についての読後感
    - 肯定的側面：
        - どの部分にどのような興味を持ったか？
        - 展示制作者の視点とは異なるであろう、本書のような分析から、何らかの新たな発見などがあったか？
    - 否定的側面：
        - 事実誤認などがないか？
        - 分析者はこだわっているが、当事者としてはそのこだわりが理解できなかったり、的外れだし感じた箇所はないか？
2. 『アナグラのうた』の制作を振り返って
    - 完成から今日までの展示制作等の活動内容、その中で『アナグラのうた』の制作経験などを思い出したり活かしたりした点があるか？
    - RTのメンバーのその後の動向や活動など

ただし、冒頭でこれらの質問をまとめて提示した後、実際の会話はいわゆるインタビューとは異なり、これらの質問項目に時々戻りつつも、基本的に「思い出話」という感じのごくインフォーマルな雰囲気のものとなった。そのため、以下では、各質問とそれに対する回答をセットとした一問一

答形式とはせず、各自の発言も編者が要約する形で整理し、紹介すること
とした。対談は前半が約1時間半弱、後半が約1時間の計約2時間半であっ
たが、小澤氏は別件のため、前半のみの参加となった。

9.1　読後感

　まず、本書のような調査・分析に対して、展示制作者として、また、「調査
された側」として、どのように感じたかを率直にお聞きしてみた。

9.1.1　「気になる」が気になる

　まずは第2部第5章の懸念導入表現の分析についてである。この部分の
分析は本書の中で最も多くの分量を割いて扱ったものであり、また、メン
バーたちの「気になる」点というのが焦点であった以上、これが当事者から
見て「気になる」ものではないと感じられたとしたら、フィールド調査とし
てはある意味では失敗だったとも言うべきかもしれないと考えていた。

　まず、島田氏（**図9.2**）であるが、氏にはだいぶ以前の段階から「「気にな
る」という表現が気になる」という話を立ち話程度にはしていた。この点に
ついて、実は島田氏は、「「気になる」という表現が面白いと最初に聞いたと
きは、何と細かく何でもないところに引っ掛かる人だな」、「奇特な人もい
るもんだ」といった感想を内心は抱いていたそうである。しかし、今回分析
を終えた草稿をお読みいただいた後の第一印象は「こんなミーティングで
もすごく細かく見ると何か分かるんだなあ、という新鮮さ」だったという。
「こんなミーティング」という表現のニュアンスは伝わりにくいかもしれ
ないが、解釈するならば、島田氏ら展示制作の当事者にとってはこうした
ミーティングは日常茶飯事であり、「この本で分析されているようなことは
普段考えているわけじゃな」く、また、「ミーティングの過程をつぶさに記
録して価値があるとも思ってなかった」といったニュアンスだといえるだ
ろう。それに対して、「なんか、こう細かく虫眼鏡で見ていくと何かが現れ
てくるっていうのはすごいな」という感じだったそうだ。もう少し具体的
にいうと、島田氏自身も、アナグラチームのラウンドテーブル（RT）を振り
返って、「いいミーティングをしていた」と感じていたそうだが、今回の分

析はこのように「クリエイティブにものを作り出すときにこういう環境が整うといいんだろうなというのが見え隠れする結果」を示すものとなっており、「ミーティングメソッドなのか組織の作り方論なのか、こうした結果を利用できるようなことにつながるといいな」と感じたという。

図9.2 島田卓也氏

　島田氏のここでの指摘のように、今回の分析がクリエイティブなものづくりのエッセンスのようなものの一端を捉えており、また、その知見にミーティング運営やチーム形成などの方法論としての価値もあるならば、まさに調査者としても今回のような調査をした「甲斐があった」と一安心できる。しかし、その一方で、第1章や第5章の冒頭などでも既に「自白」済みのように、今回の調査の焦点の1つをこうしたチームや組織といった側面に置くことは調査開始の段階からの目的として意識されていたものでは必ずしもなかった。この点については、本章の最後に改めて振り返ることにしたい。

　次に、小澤氏(**図9.3**)である。実施設計・製作施工フェーズ(第2章、第3章)の当初の予定では、島田氏同様、実は小澤氏もRTに継続的に参加することになっており、実際2011年2月までのRTには出席していた。しかし、その後小澤氏はRTにはごくたまにしか参加できなくなっていった。これは同年3月11日に発生した東日本大震災を受けて、未来館が行った震災関連の情報発信業務に多くの時間を取られたためであった。そのため、小澤氏の読後感は「RTにはほとんど参加していないのですごく新鮮だったし、雰囲

気や臨場感が伝わってきた」というものだったそうだ。その中でも特に印象に残ったのは、このアナグラチームやRTは「本当に仕事をする人たちが集まっている感じがした」という点であった。

図9.3　小澤淳氏

インタラクション分析では、ビデオなどに記録されたごく短い、上述の島田氏の表現を借りれば「何でもない」場面を取り上げ、微視的な分析を施していく。そのため、ここで小澤氏が指摘しているような場の「雰囲気」や「臨場感」といったものについては、たとえ同様のことを分析者自身も感じ、さらにそれが当該場面に着目した隠れた動機でさえあったとしても、直接的に描き出すのはなかなか難しいものである。これに対して、これも第5章の冒頭で述べたことだが、今回「気になる」という表現に着目したのには、この現象がもつであろう学術理論的な重要性だけでなく、これがアナグラチームやラウンドテーブルという彼らの実践の持つ特徴を「縮図的」に表しているのではないかという、(インタラクション分析者としてというよりもむしろ)フィールド調査者としての「直感」のようなものが働いていたという面が大きいと感じている。

9.1.2　現場で更地から考える

次に、本書の第3部の分析については、小澤氏も島田氏も、第一印象は「あるあるじゃないですか」という感じのものだったそうだ。また、「アナグ

ラに限らず、展示フロアに出て行って考えたりすることはよくある」こと
だが、アナグラでは、「現場の身体的なインタラクションが大事になるとい
う事情もあり」、他の展示のときに比べてその頻度は高かったらしい。この
点に関して、今回伺うことができた興味深い点は、通常の展示制作の場合、
設計フェーズには制作予定地に「まだ物が残っているから行ってもあまり
想像できないというか、行っても役に立たないことが多い」のに対して、ア
ナグラのときは「製作フェーズに入った時に更地だったから自由に入って
想像できる」という点が非常に大きく、「理想的」だった（以上、島田氏）、とい
う点である。

　この点が調査者にとって興味深いのは、一方で、「更地から考える」とい
う方法が通常の他の展示制作の時には必ずしも行えない方法であるという
こと、他方で、制作者としてはもし可能であるならばこの方法を取りたい
と感じているということ、の2点である。第3部第8章で分析した事例もこ
うした「更地」に近い状況でのものであったが、同章執筆者の平本氏も指摘
しているように、また、本書冒頭の1.2節でも予告的に述べていたように、
調査者の視点からは、こうした状況で「現場」で行われているインタラク
ションの意味や重要性は直ちには理解しにくいことが多い。もちろん、だ
からこそ逆に、調査者にとっては関心を向けやすい対象ともなるわけだ
が、今回お聞きした上記のような展示制作者としての考えは、こうした現
場に赴くという実践が偶然的にではなく行われているものであることの証
左となるだろう。

9.2　裏話

　第1部の冒頭で述べたように、展示制作活動というのは一般の来館者が
普段目にする展示の「裏側」だと言えるだろう。しかし、他方で、ミーティ
ングというのはメンバーが自身の意見や行為などを互いに相手に分かるよ
うに提示し合う場であるという意味で、制作メンバーから見ればむしろ
「表」の、「公式」の活動であるとも言えるかもしれない。これに対して、
ミーティングの場を観察しているだけでは分からない、さらに裏側という
のもある。ここでは今回のインタビューでこの点を改めて感じたエピソー
ドをいくつか紹介しよう。

9.2.1 入札までのチーム編成

　既に小澤氏の「本当に仕事をする人たちが集まっている感じ」という発言については紹介したが、同様に、島田氏も、分析を読み、「この話をしている人たちは仕事をしているな、みんなプロだな」と感じ、その要因としてはやはりRTというスタイルがよかったのだろうと振り返っている。小澤氏も、「会社によっては、直接関係のない人まで会議に参加して、人数は多いけど意味あるのかな、って場合があるけど、RTはみんながちゃんと話を聞きながらそれぞれ仕事をやっていたなという雰囲気」だったと感じていたと言う。もちろん、これだけだと、単に「結果としていいメンバー、いいチームだった」というだけの話にもなりかねないが、今回のインタビューでは、実はここには制作スタッフとしての当初からの狙いも関わっていたということをお聞きすることができた。

　まず、島田氏は、『アナグラのうた』では当初から「ちゃんとそれぞれの責任を持った人たちだけが集まる、ヘッドクオーター的な会を密度高くやろう」という狙いを持っていたという。そこで、「どんな人に来てほしいか」という未来館側からのメッセージをどのような制度的な手続きによって発することができたのか尋ねてみたところ、入札の際の提案要件書の中に「運用体制というか製作体制を重視しますよという書き方をしていた」ということが分かった。つまり、「実際に動かない人ばかり並ぶような体制図は嫌よ」という趣旨をあらかじめ明記しておくことによって、入札の段階でいわば「先手」を打っていたというのである。

　一方、こうした未来観側の狙いに対して、入札に応募した側はどうであったか。入札後に実際に決定したアナグラチームの組織体制については、第2章と第3章に紹介してあるが、今回はこの体制に至る裏側の経緯についても貴重な事実を訊くことができた。

　まず、通常では、受注側は元請けの1社がフロントになり、プログラムやグラフィックなどを担当する部分はその下請けとなるため、ここでいう「下請け」はそれほど主導的には動けず、「基本ここ（元請け）の顔色を伺うというか、ここの判断を元に動くみたいな関係が作られちゃう」場合が多いという。しかし、アナグラチームでは、形式上は製作施工業務を担う企業が元請けとなってはいたものの、実際にはこの企業が他の企業・メンバーを

呼び集めたのではなく、コンテンツサイドの方からこの製作施工に依頼して「上に乗ってもらう」形だったという。そのため、「あまり主従的な関係になっておらず、それぞれの個が立って」おり、「空間チームとかコンテンツチームの発言力が高かったりイニシアチブが取れる、結構特殊なケース」となった。そして、もちろん、こうしたチーム編成は偶然の産物ではなかった。この点について今回お訊きできた興味深い情報は、入札前の組織編制において製作施工会社とコンテンツチームとをつないだのが安藤氏（デザインムジカ）（分析内では「坂東」）だったのではないか、という点だった。

　この話は私にとっては全く初耳であり、また、完全に想定外であった。そこで、早速安藤氏（私自身も全くの別件で偶然半年ほど前に再会する機会があった）に連絡を取り、この点を尋ねてみたところ、島田氏の記憶の通り、コンテンツチームに製作施工企業の部長を紹介したのは確かに安藤氏であったことが確かめられた。

　経緯はこうである。まず、発端は向井氏らの所属するゲーム制作企業からアナグラの入札に参加したい旨の相談があったことである。この入札には施工面での入札参加資格をもつ会社でないとエントリーできない条件があったため、最初の入札の際には同社は別の内装企業を元請けとして参加していた。結果としてこの第1回の入札は不調に終わったのだが、その際、向井氏らゲーム制作企業としては、大手は展示制作実績の経験が高いため、自分たちはただの下請け業者としてしか扱われず、パートナーとして一緒に取り組む体制にすることが難しいのではないかという危惧を感じたそうだ。上記の島田氏の発言はまさにこの点を述べたものである。そこで、同社は2回目の入札を前に、新しいパートナーとなってくれそうな内装業社の紹介を安藤氏に依頼してきたわけである。そこで、安藤氏は、以前から知り合いであった当該製作施工企業の部長を紹介したという。この企業を選んだのは、入札資格のある大手の内装施工会社である一方で、それまでは商業施設が主業務であり、科学館などの文化事業の実績は少なかったため、「互いに初めて同士で、同じ目線でできるのではないか」（安藤氏）と予想したことによる。加えて、空間デザイン企業など、今回のチームの中の他のメンバーの一部も安藤氏が紹介したそうだ。

　このエピソードを詳細に紹介したのは、こうしたチーム編成の裏側の過程は一般にあまり知られているものではなく、RTの調査を行ってきた私自

身もこれまで把握していなかったものだったためである。その意味ではまさに上記のように「裏側の裏側」である。2.2節の島田氏の紹介では、安藤氏は「制作施工チームの中で、空間デザインとデジタル表現の両方の言語を理解し、両者を橋渡しする役割を担っていた」とされているものの、これまで私はこの点について立ち止まって考えることはほとんどなかった。それは私が主にミーティング場面の分析を目的とし、ミーティングでの発言にばかり注目していたことによるところが大きいだろう。実は安藤氏はほぼ毎回のRTに出席していたものの、発言回数自体は他のメンバーに比べて極めて少なく（第4章の**表4.1**、**図4.4**）、この点からだけだと、主要メンバーの中で最も「目立たない」存在に見えるのである。

　しかし、こうした落とし穴が生じるのは必ずしもインタラクション分析の場合だけではないだろう。例えば、チーム編成を組織図のような静的な形式で表現する場合にも、以上のような役割を果たした「つなぎ役」の存在は同様に表面化しにくいものだろう（今回このエピソードを知り、図3.8の「坂東」の位置をこれまで使用していたものから微妙に修正した）。こうした役割については、少なくとも表向きは「**元請けの製作会社か代理店がそこを担えばいいだけの話**」（島田氏）と扱われるものだからである。別の言い方をすれば、組織は少なくとも公式には冗長性を嫌うともいえるだろう。これに対して、アナグラチームは「**本当にボトムアップに作っていったから、こことここが一緒にやるんだったら、そこをつなげる人が必要だねというのがチームビルディングする過程できっと表れたのだろう**」（同氏）。

　第5章で描いたような、アナグラチームのもつ「フラットさ」のような特徴には、ミーティングなどの活動を通じて徐々に醸成されていったという側面だけでなく、こうした事前の水面下でのボトムアップのチーム編成の工夫も関わっていたことが今回改めて明らかになった。

9.2.2　笹島氏の役割と職能

　アナグラチームの推進の全体的な責任者は上記製作施工企業の笹島氏であった（2.2節）。同氏は「アナグラチーム」を構成する複数のサブグループの進捗や課題を把握し調整すると共に、毎回のRTにおいても議長役を務めていた。

こうした笹島氏であるが、職能としては「内装監理（内監）」と呼ばれるらしい。実は島田氏も、アナグラ制作当時はこの内監という仕事の内容について正確には分かっていなかったそうだが（私も今回初めてこの用語を知った）、その後の別の仕事の際に「**身近に内監の人たちがいて、作業しているのを見て、内監ってすごいなと思った**」そうである。島田氏によれば、内監は大規模な施設を建てる際に、建設工事を担う大手企業と中に入る各テナントとの間に入り、前者が設定している工程や製作方法、施行基準などと後者のテナント側の盛り込む工程や素材などに関する意向との間を調整する役割を担う。

　このように、一般に内監はさまざまな建設工事などで「扇の要」の位置を担うため、こうした職能を持つ笹島氏がアナグラチームで上記のような役割を務めたのはきわめて妥当なことであるといえる。しかし、一方で、安藤氏の言によれば、一般にこの役割を担う人物を社外から直接「指名」することはほとんど（でき）ないらしく、アナグラチームの編成の際にも、笹島氏は当該製作施工企業の内部で適任者として選任され、紹介されたという。私自身は笹島氏以外の「内監」の人に会ったことはないので、もちろん比較することはできないが、笹島氏がアナグラチームの担当者として選任されたことは非常によかったのではないかと個人的には考えている。少し振り返ってみたい。

　展示制作の過程の裏側を見るのは私にとっては今回の調査が初めてのことであり、完成の本当の直前まで、「間に合わないのではないか」と実は内心非常にヒヤヒヤしていた。同様に、アナグラチームのメンバーの中にも、公開予定日が近づくにつれて徐々に焦りや苛立ちを表すようになるメンバーもおり、むしろ内心としてはその方が多数派だったというべきかもしれない。しかし、その一方で、こうした焦りや苛立ちが少なくとも観察者である私にはあまり感じられなかったメンバーが少数おり、その1人が笹島氏だった。なので、今回以上のようなエピソードを知り、当時のこの印象について大いに納得する思いがしたわけである。島田氏曰く、「**どんなぐちゃぐちゃな現場でも最後は何とかするっていう自信はあったんじゃないですかね**」ということである。私自身も、完成約1か月前の2011年7月に行われたアナグラチームの「暑気払い会」（第1回試行会（**図3.6**）の後の打ち上げ）の場で、笹島氏から、今回のチームはこれまでの自身の経験の中でもかなり大

きなカルチャーショックを感じるものだという感想を聞いたことがあるが、その際にも氏はその状況を楽しんでいるようにも見えたのを思い出す。とはいえ、本人が当時実際にどのように感じていたかは分からない。いつか機会があればお聞きしてみたいと考えている。

9.3 『アナグラのうた』の制作を振り返って

ここでは、『アナグラのうた』の制作に主導的に携わったお二人に、その経験や考えていたことなどについてお聞きしたことを紹介していきたい。

9.3.1 RTの運営時に心掛けていたこと

上記のように、『アナグラのうた』の一般公開が徐々に迫ってきて、調査者である私までもがなぜか焦りを募らせていく中、製作施工責任者の笹島氏以外に、私には焦りや苛立ちが感じられなかった人物がもう1人おり、それが他ならぬ島田氏であった。

実は今回のインタビューの中で、小澤氏からは、「一連のミーティングの中でターニングポイントとなった発言などが見つけられるとうれしいが、そうしたものはあったか?」という逆質問を受けたのだが、これに対し、私が分析を続けてきた立場からの印象として答えたのは、そうしたターニングポイントのようなものはあまりなかったのではないか、むしろ、最初の2月3日のキックオフミーティング☞(第2章、第3章)の段階で島田氏をはじめとする未来館メンバーが提示した方向性がぶれなかったことが大きかったのではないかという印象がむしろ強い、という点であった。そこで、島田氏に、当時RTの運営に関して心掛けていた点について訊いてみた。

まず、本書の分析の中では、まとめて「アナグラチーム」と呼んできたが、第2章で紹介されているように、より正確には、『アナグラのうた』の制作では、発注契約☞は空間デザインやコンテンツ開発を行う製作施工業務と来館者の位置情報を取得する人物捕捉追跡システム開発業務の2系列に分かれていた。加えて、第2章でも紹介されているように、センサシステムやゲーム制作はどちらも従来はあまり展示制作に携わることの多い業界ではなく、また、他の現場などで相互に連携し合う機会も少ないであろう、いわ

ば「異文化」同士であると考えられる[1]。そこで、この両チームの折り合い
について、「正直結構ヒヤヒヤだったということはないですか」と率直に島
田氏に尋ねてみたところ、その回答は「あんまりないですね。結構楽しんで
いました」という、やや拍子抜けもするものであった。曰く、「僕がその2つ
の関係で気にしていたのは、それぞれが守りに入らないようにするという
か、どっちかというと、つまらないことで（アイディアや要望などを）引っ込
めちゃって、行き着くところに行かないというようなことが起こらないよ
うに、両方ともアジる（アジテーションする）というのを心掛けていました」。
これは上記の笹島氏と同様、経験のなせる業だとも思われるが、それだけ
でなく、今回の『アナグラのうた』については、島田氏はこれらの「異文化」
のメンバーの協働が必要となる展示手法を考案したいわば「張本人」であ
り（高梨、2017a）、はじめから覚悟の上だったという面も大きいだろう。こ
うした心構えが「従来的な展示手法にこだわることなく、テーマの特性や
展示目的に応じた手法をゼロから考える」（2.2.2節）営みを可能にしている
のだと感じた。

　第5章での分析と考察からも示唆されるように、チーム内のそれぞれの
人の思っていることが異なっているということにメンバーが互いに気づい
ていないチームはうまくいっていないチームの典型だと考えられるが、そ
の一方で、こうしたずれの調整を製作施工業者のメンバーだけですべて自
主的に行うというのも現実には困難であろう。ましてや今回のような多職
種、あるいは異文化チームにおいては、である。この点において、私自身は
やはり島田氏のチーム運営スキルによる部分が大きかったのではないかと
考えていた。そこで、「島田さんから見て、この人とこの人の理解がずれて
いるんじゃないかと思って介入するということを結構やっていたじゃない
ですか?」と水を向けてみたところ、こうした介入を意識的に行うのは、「ず
れているとよくないんじゃないかみたいなことを心配していたというより
は、ずれていると結論が出ないで終わっちゃうので、結論が出ないと困る
から、結論を出すために介入しているという感じ」だという答えだった。こ
れは上記の「つまらないことで引っ込めちゃって、行き着くところに行か
ない」ともったいないという発言と同様のニュアンスのものだと解釈でき
る。つまり、無難なところを「落とし所」とはしたくない、ということだろ
う。本書を通じて『アナグラのうた』を「斬新」な展示と形容してきたが、こ

うした「完成物」として斬新な展示を作り出すためには、その制作プロセスにおいても、必要なときにはこうして思い切って「踏み込む」態度が求められるということなのではないだろうか。

　その一方で、より一般的に、他のプロジェクトの場合にも、島田氏はわりと「それ（メンバー間のずれ）に気づく方なんですよね。人と人が話しているのを見ていて、あ、いま分かっていなかったなみたいな」という。既に本書の分析からもお分かりように、私自身も「人はなぜ気づけるのか」という点には非常に興味がある。そこで、今流行の人工知能に引きつけて（島田氏の学生時代の専門分野はヒューマンインターフェースなどの情報系だった）、「島田さんのその知能を人工知能にできたらいいわけですよ」と振ってみたところ、「それは難しいですね」という答えだった。確かに、こうした気づきのスキルが人工知能などの形で実現されるのはまだまだ先のことだろうと私自身も考えている。しかし、その一方で、島田氏は、「メンバーの発言だったり、お互いに気になっているところを出し合うとか、イメージを共有し合うとかというのが数値化できたり、ミーティングの良し悪しが如実に数字として違って出てくるというようなツールができて、それによって組織のつくり方が変わってきたりしたら（面白い）」のではないかとも言う。この視点は、情報学分野で会議の可視化や創造活動支援（長尾、2018）などと呼ばれるテーマに近い問題関心だといえそうである。しかし、この点について、私自身は、こうした情報技術を実現するには、何を指標とし、どのような方法でならばそのような有意味な情報が計測・認識できるようになるかという長年の課題に対するアイディアレベルでのブレークスルーが必要になると考えているため、こうした考えをぶつけてみたところ、だからこそ「そういうノウハウの自動化にはこういう（本書のような）研究がつながっていくんじゃないですかね」という励ましともいえるお答えをいただいた。もちろん、こちらが言いたがっていた点を若干「忖度」していただいたという面もなくはないが、本書のような緻密なインタラクション分析の持つ潜在的な応用可能性を肯定的にご理解いただいた、ありがたい指摘として拝聴しておきたい。

9.3.2 他の展示制作時との比較

　既に何度か述べてきたように、私自身は『アナグラのうた』の展示制作過程がどの程度一般的あるいは特殊なものであったかを判断できる立場にはない。そこで、ここでは、『アナグラのうた』全般の制作に関して、両氏に展示制作の専門家としてのこれまでの経験などとも比較しながら語っていただいた内容を紹介しておきたい。

　まず、小澤氏である。展示制作の手法という面では、『アナグラのうた』では展示全体を「現代社会の縮図」としたかったので、「「あそこへ行け、次はあそこだ」という指示を極力なくして、個人の判断で自由に振る舞って、飽きたらそれでいい」ぐらいの感じで制作していったという。だから「基本的には説明はしたくない」。しかし、その一方で、説明不足から「体験したけど分からない」という感想が多かったというのも事実であった。そのため、このことを反省材料に、次に携わった「未来逆算思考[2]」(**図9.4**)ではアナグラとは「逆のことをやってみたかった」という。つまり「これだけ書けば問題ないだろう」というぐらい「とにかくたくさんの展示解説を書いた」し、「同じことを何度も繰り返」した。しかしその結果は、来館者は解説を「結局、読まない」というものだ。このように、「なかなか展示は難しい」ものだが、展示制作の手法としては「どっちも正解だし、もっといい方法がある」に違いないと小澤氏は模索を続けている。

図9.4　未来逆算思考

こうした小澤氏の考えには、解説などのため科学技術リサーチを担当する小澤氏と展示制作の手法・表現面を統括する島田氏との立場の違いも現れていると考えられる。第2章でも紹介されているように、『アナグラのうた』においても、小澤氏は実際に監修の柴崎先生やその他の研究者たちと展示の科学的な内容についての打ち合わせを綿密に重ねており、それらの内容は、完成した展示においても、科学者へのインタビューの形式で収録された「解説映像」(第3章)として視聴することができる。このように、展示の学術内容についての調査を担当する小澤氏には、多くの学術調査を重ねつつも、そのうちのごく一部のみを展示として目に見える形で発信するしかないというジレンマがあるといえるだろう。この点は歴史小説家が史実を膨大に調べた上で、それらの大半を捨ててストーリーを構築していくことにも似ているといえるかもしれない。

　そして、今回のインタビューで分かったことは、こうしたジレンマについて整理するための1つの方法として小澤氏が利用したのが、第2章で紹介されている、来館者を「来館動機」の観点から3つの層に区別した上で(**図2.5**)、「それぞれの層に対して何のコンテンツを持ち帰ってもらうか」を考えるという方法だった、ということである。実はこの方法を小澤氏が意識的に用い始めたのはアナグラの時からであるという。とはいうものの、「やっぱりアナグラに関しては、もうちょっと科学コンテンツがあってもいいかなというふうには思いますけどね」という本音のようなものも聞かれた。『アナグラのうた』の解説映像などは実は完成後にも改修可能な仕様になっているため、今後その内容が更新されることもあるかもしれない。

　一方、島田氏は、特に『アナグラのうた』の制作においては、基本設計までの段階で、演出家の飯田氏とのやりとりなども通じて、「何が大事で、逆にどこを捨てられないか」といった「欲しい展示のイメージ」が未来館側のメンバー間でかなりクリアになっていたという点が大きかった、そのため、実施設計フェーズではこうしたイメージを「実際にどういうふうに形にするか」という点だけに集中することができたという。逆に、未来館側があまりクリアなイメージを持っていない状態のままで実施設計に入ってしまうと、「実施設計とは言いつつ、具体的に「何をすればよいのか」ということが定まらず、製作会社は待ちになっちゃったりする」ということもあるらしい。

図9.5 対話する島田氏と小澤氏

　この指摘は「最終的に同じゴールを目指して進むために、基本となるストーリーや世界観がしっかりと作られていたことは大いに役立っていた」(2.2.2節)という記述と同様の趣旨のものであろう。第2章で詳しく論じられているように、展示に「ストーリー」や「世界観」を持たせるという点は、製作施工フェーズに入るまでの間に演出家の飯田氏とともに綿密に練り上げられてきていた点であり、また、完成した『アナグラのうた』の重要な特徴の1つにもなっていると考えられる点である。しかし、これらの「ストーリー」や「世界観」は、単に完成した展示の斬新さという側面においてだけでなく、第3部の「想像の共有」という観点から言えば、製作の途中の過程においても、製作チームのメンバーが展示の細部の意匠や入場者の動きなどについてのイメージをすり合わせていく際の参照点となる、いわばグランドデザインとしての重要な役割も担っていたということなのではないかと考えられる。

　これまで紹介してきたように、アナグラチームにはさまざまな面で特徴な点が見られる。その意味で、今回の調査結果は他の展示制作活動にまで一般化できるものであるというよりは、むしろアナグラチームの個別性や特殊性を描いたものであると見なした方がよい側面も大きいかもしれない。エスノグラフィーという意味では、こうした個別性を描くことは重要ですらある。しかし、その一方で、島田氏は、アナグラチームが「**属人的に特殊**」だとは考えない方がよいのではないかとも指摘する。「**チームがつくられる背景というか過程というか、ある条件が揃っていた**」という捉え方

がむしろ重要なのではないか、ということである。

このように考える理由として、島田氏が紹介してくれたのが、自身が2000年頃に未来館で最初に携わった「インターネット物理モデル」（図2.1）の時の経験であった。この展示制作の時にも、「お互いの仕事をリスペクトしていて、信頼関係があって、何を言ってもそこでは許されるという状況が作られて」いたが、そうした状況は「基本的にそれぞれのメンバー全員がほぼイーブンな関係にあって、それぞれの責任範疇も裁量もあって、という状況でないと、なかなか作れない」と言う。つまり、重要なのは「そういう組み方をしたチームかどうか」であると。

インタラクションの分析者としては、チームというものが参与者同士の間でのインタラクションを通じてどのように築き上げられていくかという点をいかにして分析を通じて描き出すかという点が目標となる。しかし、その一方で、ここで指摘されているように、また、既に9.2.1節でも述べたように、チームづくりにはやはり（特に主導的な）メンバーが「どのようなチームにしたいか」という、ある意味では隠された「狙い」なり「イメージ」なりを持って動いているという側面も欠かせないだろう（高梨（2017a）も参照）。第5章の最後でも述べたように、会話の内と外のどちらが重要かではなく、「内も外も」という柔軟な姿勢の方が、調査での発見もより豊かなものになるのではないだろうか。

9.4 後日談の後日談：調査者の狙い・再考

本書では、第2部と第3部のいずれの分析についても、焦点としている活動場面や現象はそれぞれ異なるものの、チームによる協同活動を、その場（ビデオ）で観察できる現象だけに限定せず、もう一段階広い視野での組織的な活動の文脈の中に位置づけて解釈しようと試みてきた。

私自身は今回の一連の調査を通じて、見えているコミュニケーションの場だけや対象とするという点にインタラクション研究者としての大きな限界を感じるようになっていった。ミーティングの分析に関しても、ミーティングだけのマネジメントの問題ではなくて、チーム全体をマネジメントするという、より広範な視点に立った分析がますます必要になるだろう。第5章の後半で考えたかったのはこうした問題であるし、実際、今回の

インタビューにおいても、このチーム作りという観点は繰り返し登場してきたものであった。

　その一方で、こうしたことの背後では、第5章の冒頭や9.1.1節で述べたような調査目的のいわば「横滑り」もあった。つまり、例えばミーティングの中で「誰がどういう方法で発言権を取得したか」といった観点での分析は、たとえそれが可能だったとしても、おそらく「調査されている側」にとっては特に関心のある事柄ではないため、「何でそんなことを見ているんだろう」という感想だけで終わってしまうのではないかという危惧が途中から湧いてきたことにより、今回の調査では開始してから分析のフォーカスを変えていったという面も大きかった。端的に言えば、私自身も当初はこういう調査をすることになるとは思っていなかったのだ。今回のインタビューの9.1.1節でも紹介したように、実際、島田氏も調査の途中の時期には私の調査に対してまさにそのように感じていたらしい。これに対し、若干のリップサービスがあるであろうことはもちろん割り引かなければならないが、本書の最終的な分析については、「調査される側」の立場からも少なくともある程度の興味やリアリティなどを感じていただけるものとなったであろうことが確認できたと考えている。

　筆者らが関わることの多いインタラクション分析の分野の中にも、他の多くの人がこれまであまり観察したことがないような「珍しいところ」に行ってコミュニケーションを分析する研究者はもちろんいるし、ビデオカメラや分析用ツールの普及なども手伝い、こうした研究者は年々増えてきている。しかし、これらの研究が「調査される側」の人たちにとっても関心があることがらを調べているかといえば、結局は「どうでもいいこと」を調べていると言われてしまいそうなことが多いというのも事実だろう。どちらが正しいということはないが、少なくとも私自身について言えば、「どうでもいい」というままになってしまうのは寂しいし、ある意味ではもったいないことだと、今回の調査を通じて徐々に強く感じるようになっていったことは確かである。

注

1 こうしたセンサチームとコンテンツチームの間の「異文化コミュニケーション」的な関係について、私自身は調査期間の最中からずっと気になっており、別稿でも分析したことがあるので (高梨、2017b)、興味のある方は参照されたい。

2 https://www.miraikan.jst.go.jp/exhibition/future/innovation/backward.html

参考文献

秋谷直矩(2013)「観察のための撮影」『フィールドワークと映像実践－研究のためのビデオ撮影入門』南出和余・秋谷直矩(編著), 37-64, ハーベスト社.

秋谷直矩(近刊)「第7章：対話のビデオ記録を用いたリフレクション」『研究者・研究職・大学院生のための対話トレーニング』加納圭・水町衣里・城綾実・一方井祐子(編), ナカニシヤ出版.

浅野智(2011)「HCDのためのアクティングアウト：寸劇を通じてユーザのコンテキストを知る」『デザイン学研究』18(2), 20-23.

Asmuß, B. & Svennevig, J. (2009) Meeting talk: An introduction. *Journal of Business Communication*, 46(1), 3-22.

坊農真弓・鈴木紀子・片桐恭弘(2004)「多人数会話における参与構造分析：インタラクション行動から興味対象を抽出する」『認知科学』11(3), 214-227.

坊農真弓・高梨克也(編著)(2009)『多人数インタラクションの分析手法』オーム社.

坊農真弓・高梨克也・緒方広明・大崎章弘・落合裕美・森田由子(2013)「知識共創インタフェースとしての科学コミュニケーター：日本科学未来館におけるインタラクション分析」『ヒューマンインタフェース学会論文誌』15(4), 375-388.

Bransford, J. D. & Stein, B. S. (1984) *The Ideal Problem Solver: A Guide for Improving Thinking, Learning, and Creativity*. W. H. Freeman. (古田勝久・古田久美子(訳)(1990)『頭の使い方がわかる本』HBJ出版)

Clark, H. H. (1996) *Using Language*. Cambridge University Press.

Clark, H. H. & Wilkes-Gibbs, D. (1986) Referring as a collaborative process. *Cognition*, 22, 1-39. (Reprinted in Clark, H. H. (1992) *Arenas of Language Use*. 107-143. The University of Chicago Press & Center for the Study of Language and Information.)

Damasio, A. R. (1994) *Descartes' Error: Emotion, Reason, and the Human Brain*. Quill. (田中三彦(訳)(2000)『デカルトの誤り：情動、理性、人間の脳』筑摩書房)

Edmondson, A. C. (2012) *Teaming: How Organizations Learn, Innovate, and Compete in the Knowledge Economy*. John Wiley & Sons, Inc. (野津智子(訳)(2014)『チームが機能するとはどういうことか：「学習力」と「実行力」を高める実践アプローチ』英治出版)

Ekman, P. & Friesen, W. V. (1969) The repertoire of nonverbal behavior categories: Origins, usage, and coding. *Semiotica*, 1, 49-98.

Frijda, N. H. & Moffat, D. (1994)「感情をモデル化する」(遠藤利彦(訳))『認知科学』1(2), 5-15.

福地肇(1985)『談話の構造』大修館書店.

福島真人(2010)『学習の生態学：リスク・実験・高信頼性』東京大学出版会.

Goffman, E. (1963) *Behavior in Public Places: Notes on the Social Organization of Gatherings*, Free Press. (丸木恵祐・本名信行(訳)(1980)『集まりの構造：新しい日常行動論を求めて』誠信書房)

Goffman, E. (1981) *Forms of Talk*. University of Pennsylvania Press.

Goodwin, C. (1981) *Conversational Organization: Interaction Between Speakers and Hearers*. Academic Press.

Goodwin, C. (1994) Professional vision. *American Anthropologists*, 96(3), 606–633. (北村弥生・北村隆憲 (訳)「プロフェッショナル・ヴィジョン―専門職に宿るものの見方」共立女子大学文芸学部紀要, 56, 35–80)

Goodwin, C. (2000) Action and embodiment within situated human interaction. *Journal of Pragmatics* 32, 1489–1522.

Goodwin, C. (2002) Time in action. *Current Anthropology*, 43, 19–35.

Goodwin, C. (2003a) The Body in action. In Coupland, J. J. & Gwyn, R. (eds.), *Discourse, the Body and Identity*. 19–42, Palgrave Macmillan.

Goodwin, C. (2003b) Pointing as situated practice. In Kita, S. (ed.), *Pointing: Where Language, Culture and Cognition Meet*. 217–241, Lawrence Erlbaum.

Goodwin, C. (2007) Environmentally coupled gestures. In Duncan, S. D., Cassell, J., & Levy, E. T., (eds.) *Gesture and the Dynamic Dimension of Language: Essays in honor of David McNeill*, 195–212, John Benjamins.

Goodwin, C. (2009) Embodied hearers and speakers constructing talk and action in interaction. 『認知科学』16(1), 51–64.

Heath, C. (1986) *Body Movement and Speech in Medical Interaction*. Cambridge University Press.

Heath, C., Hindmarsh, J. & Luff, P. (2010) *Video in Qualitative Research: Analysing Social Interaction in Everyday Life. Sage.*

Heritage, J. & Watson, D. R. (1979) Formulations as conversational objects. In Psathas, G. (ed.) *Everyday Language: Studies in Ethnomethodology*. 123–162, Irvington.

彦坂興秀(1994)「注意の神経機構」『岩波講座認知科学9:注意と意識』安西祐一郎 (他編), 89–168, 岩波書店.

細馬宏通(2016)『介護するからだ』医学書院.

細谷功(2015)『問題解決のジレンマ:イグノランスマネジメント:無知の力』東洋経済新報社.

Hutchins, E. (1995) *Cognition in the Wild*, The MIT Press.

Hutchins, E. & Klausen, T. (1998) Distributed cognition in an airplane cockpit. In Engström, Y., & Middleton, D. (eds.), *Cognition and Communication at Work*. 15–34, Cambridge University Press.

岩崎祥一(2008)『脳の情報処理:選択から見た行動制御』サイエンス社.

Jefferson, G. & Schenkein, J. (1978) Some sequential negotiations in conversation: Unexpanded and expanded versions of projected action sequences. In Schenkein, J. (ed.), *Studies in the Organization of Conversational Interaction*. 155–172, Academic Press.

城綾実・坊農真弓・高梨克也(2015)「科学館における「対話」の構築:相互行為分析から見た「知ってる?」の使用」『認知科学』22(1), 69–83.

片桐恭弘・石崎雅人・伝康晴・高梨克也・榎本美香・岡田将吾(2015)「会話コミュニケーションによる相互信頼感形成の共関心モデル」『認知科学』22(1), 97–109.

加藤有次・鷹野光行・西源二郎・山田英徳・米田耕司 (編) (2000)『新版博物館学講座9:博物館展示法』雄山閣出版.

高悠史・平本毅・高梨克也(2012)「継続的なミーティング活動記録の分析を支援するアノテーション・可視化環境の構築」人工知能学会研究会資料SIG-SLUD-B201, 7–12.

高悠史・高梨克也(2013)「コミュニケーション実践の直後のリフレクションを可能にするビデオ閲覧環境の開発」電子情報通信学会技術報告HCS2012-80, 17–22.

串田秀也・平本毅・林誠(2017)『会話分析入門』勁草書房.

LeBaron, C. D. (1998) *Building Communication: Architectural Gestures and the Embodiment of New Ideas*. Unpublished Dissertation. The University of Texas at Austin.

LeDoux, J. E. (1996) *The Emotional Brain: The Mysterious Underpinnings of Emotional Life*. Simon & Schuster. (松本元・川村光彦・小幡邦彦・石塚典生・湯浅茂樹 (訳) (2003)『エモーショナル・ブレイン：情動の脳科学』東京大学出版会)

Lerner, G. N. (1996) On the "semi-permeable" character of grammatical units in conversation: conditional entry into turn space of another speaker. In Ochs, E., Schegloff, E. A. & Thompson, S. A. (eds.) *Interaction and Grammar*. 238–276, Cambridge University Press.

Levinson, S. C. (1983) *Pragmatics*. Cambridge University Press. (安井稔・奥田夏子 (訳) (1990)『英語語用論』研究社出版)

Luff, P., Hindmarsh, J. & Heath, C. (eds.) (2000) *Workplace Studies: Recovering Work Practice and Informing System Design*. Cambridge University Press.

丸山岳彦・高梨克也・内元清貴(2006)「節単位情報」『日本語話し言葉コーパスの構築法』国立国語研究所報告, 124, 255–322.
http://pj.ninjal.ac.jp/corpus_center/csj/k-report-f/05.pdf

益岡隆志・田窪行則(1992)『基礎日本語文法・改訂版』くろしお出版.

水川喜文・秋谷直矩・五十嵐素子 (編) (2017)『ワークプレイス・スタディーズ：はたらくことのエスノメソドロジー』ハーベスト社.

Murphy, K. (2005) Collaborative imagining: The interactive use of gestures, talk, and graphic representation in architectural practice, *Semiotica*, 156(1/4), 113–145.

Murphy, K. (2011) Building stories: The embodied narration of what might come to pass. In Streeck, J., Goodwin, C. & LeBaron, C. (eds.) *Embodied Interaction: Language and Body in the Material World*, 243–253, Cambridge University Press.

長尾確(2018)『ディスカッションを科学する：人間と人工知能の共生』慶應義塾大学出版会.

西阪仰(2008)『分散する身体：エスノメソドロジー的相互行為分析の展開』勁草書房.

野中郁次郎・竹内弘高(1996)『知識創造企業』梅本勝博 (訳), 東洋経済新報社.

野中猛・高室成幸・上原久(2007)『ケア会議の技術』中央法規.

大塚裕子・乾孝司・奥村学(2007)『意見分析エンジン：計算言語学と社会学の接点』コロナ社.

Pomeranz, A. (1984) Agreeing and disagreeing with assessments: Some features of preferred/dispreferred turn shapes. In Atkinson, J. M. & Heritage J. (eds.), *Structures of Social Action: Studies in Conversation Analysis*. 57–101. Cambridge University Press.

Reason, J. (1997) *Managing the Risk of Organizational Accidents*. Ashgate Publishing Limited. (塩見弘 (監訳) (1999)『組織事故：起こるべくして起こる事故からの脱出』日科技連出版社)

Roberto, M. A. (2009) *Know What You Don't Know: How Great Leaders Prevent Problems Before They Happen*. Pearson Education Inc. (飯田恒夫 (訳) (2010)『なぜ危機に気づけなかったのか：組織を救うリーダーの問題発見力』英治出版)

Sacks, H. (1972a) An initial investigation of the usability of conversational data for doing sociology. In Sudnow, D. (ed.), *Studies in Social Interaction*. 31–74, Free Press. (北澤裕・西阪仰 (訳)「会話データの利用法：会話分析事始め」北澤裕・西阪仰 (編訳) (1995)『日常性の解剖学：知と会話』, 93–173, マルジュ社)

Sacks, H. (1972b) On the analyzability of stories by children. In Gumperz, J. J. & Hymes, D.

(eds.), *Directions in Sociolinguistics*. 325–345, Basil Blackwell.

Sacks, H. (1992) *Lectures on Conversation, vol. 1 & 2*. Blackwell.

Sacks, H. & Schegloff, E. A. (1979). Two preferences in the organization of reference to persons in conversation and their interaction, In Psathas, G. (ed.), *Everyday Language: Studies in Ethnomethodology*, 15–21, Irvington.

Sacks, H., Schegloff, E. & Jefferson, G. (1974) A simplest systematics for organization of turn-taking for conversation. *Language*, 50(4), 696–735. (西阪仰 (訳) (2010)「会話のための順番交替の組織：最も単純な体系的記述」『会話分析基本論集：順番交替と修復の組織』H. サックス他, 世界思想社, 5–153)

齋藤嘉則(2001)『問題発見プロフェッショナル：構想力と分析力』ダイヤモンド社.

Schegloff, E. A. (1972) Notes on a conversational practice: Formulating place, In Sudnow, D. (ed.), *Studies in Social Interaction*, 75–119, The Free Press.

Schegloff, E. A. (1982) Discourse as an interactional achievement: Some uses of "uh huh" and other things that come between sentences, In Tannen, D. (ed.), *Analyzing Discourse: Text and Talk*, 71–93, Georgetown University Press.

Schegloff, E. A. (1996a) Some practices for referring to persons in talk-in-interaction: A partial sketch of a systematics, In Fox, B. A. (ed.), *Studies in Anaphora*, 437–485, John Benjamins.

Schegloff, E. A. (1996b) Turn organization: One intersection of grammar and interaction. In Ochs, E., Schegloff, E. A. & Thompson, S. A. (eds.), *Interaction and Grammar*. 52–133. Cambridge University Press.

Schegloff, E. A. (1998) Body torque, *Social Research*, 65(3): 535–596.

Schegloff, E. A. (2007) *Sequence Organization in Interaction: A Primer in Conversation Analysis*; 1. Cambridge University Press.

Schegloff, E. A. & Sacks, H. (1973) Opening up closings. *Semiotica*, 8, 289–327. (北澤裕・西阪仰 (訳) (1995)「会話はどのように終了されるのか」『日常性の解剖学：知と会話』マルジュ社, 175–241)

Searle, J. R. (1969) *Speech Acts: An Essay in the Philosophy of Language*. Cambridge University Press. (坂本百大・土屋俊 (訳) (1986)『言語行為：言語哲学への試論』勁草書房)

柴山盛生・遠山紘司・東千秋(2008)『問題発見と解決の技法』放送大学教育振興会.

Sidnell, J. (2006) Coordinating gesture, gaze and talk in re-enactments, *Research on Language and Social Interaction*, 39(4): 377–409.

Sidnell, J. (2011) The epistemics of makebelieve, In Stivers, T., Mondada, L. & Steensig, J. (eds.), *The Morality of Knowledge in Conversation*, 131–156, Cambridge University Press.

Simon, H. A. (1945/1997) *Administrative Behavior: A Study of Decision-Making Processes in Administrative Organizations (4th ed.)*. Free Press. (桑田耕太郎・西脇暢子・高柳美香・高尾義明・二村敏子 (訳) (2009)『新版 経営行動：経営組織における意思決定過程の研究』ダイヤモンド社)

Simon, H. A. (1977) *The New Science of Management Decision (Revised edition)*. Prentice-Hall. (稲葉元吉・倉井武夫 (訳) (1979)『意思決定の科学』産業能率大学出版部)

Simon, H. A. (1983) *Reason in Human Affairs*. Stanford University Press. (佐々木恒男・吉原正彦 (訳) (2016)『意思決定と合理性』ちくま学芸文庫)

篠田道子(2011)『多職種連携を高めるチームマネジメントの知識とスキル』医学書院.

Smith, D. (1984) Textually mediated social organization. *International Social Science Journal*, 36(1),

59–75.

Stivers, T. & Rossano, F. (2010) Mobilizing response. *Research on Language and Social Interaction*, 43(1), 3–31.

Streeck, J. (1993) Gesture as communication I: Its coordination with gaze and speech. *Communication Monographs*, 60, 275–299.

Streeck, J. (2002) Grammars, words, and embodied meanings: On the evolution and uses of so and like, *Journal of Communication*, 52(3), 581–596.

Streeck, J., Goodwin, C. & LeBaron, C. (eds.)(2011) *Embodied Interaction: Language and Body in the Material World*. Cambridge University Press.

Suwa, M., Purcell, T. & Gero, J. (1998) Macroscopic analysis of design processes based on a scheme for coding designers' cognitive actions. *Design Studies*, 19, 455–483.

Svennevig, J. (2012) Interaction in workplace meetings. *Discourse Studies*, 14(1), 3–10.

高梨克也(2004)「もう一つの話者交替システム：多人数会話における開始者による聞き手争奪の分析」『社会言語科学会第14回大会発表論文集』, 150–153.

高梨克也(2013)「展示制作のための多職種ミーティングにおける問題提起の分析」『知識共創』3, II, 1, 1–10.

　　http://www.jaist.ac.jp/fokcs/papers/T_paper_Takanashi.pdf

高梨克也(2016)『基礎から分かる会話コミュニケーションの分析法』ナカニシヤ出版.

高梨克也(2017a)「展示制作活動における参与・関与の変化から見た参与者の志向の多層性」『コミュニケーションを枠づける：参与・関与の不均衡と多様性』片岡邦好・池田佳子・秦かおり(編), 199–219, くろしお出版.

高梨克也(2017b)「多職種チームにおける協働のための工夫と困難：日本科学未来館展示制作チームのフィールド調査から」『質的心理学フォーラム』, 9, 45–53.

戸田正直(1992/2007)『感情：人を動かしている適応プログラム』(新装版) 東京大学出版会.

富田英司・丸野俊一(2005)「曖昧な構造の協同問題解決における思考進展過程の探索的研究」『認知科学』12(2), 89–105.

植田一博・岡田猛 (編) (2000)『協同の知を探る：創造的コラボレーションの認知科学』共立出版.

Weick, K. E. & Sutcliffe, K. M. (2001) *Managing the Unexpected*. John Wiley & Sons, Inc. (西村行功 (訳) (2002)『不確実性のマネジメント：危機を事前に防ぐマインドとシステムを構築する』ダイヤモンド社)

山崎治・三輪和久(2001)「外化による問題解決過程の変容」『認知科学』8(1), 103–116.

安井永子・杉浦秀行・高梨克也 (編著) (近刊)『相互行為におけるポインティング (仮)』ひつじ書房.

初出情報一覧

[3.3節の一部]
高梨克也(2013)「展示制作のための多職種ミーティングにおける問題提起の分析」,『知識共創』,
　　3, II, 1, 1–10.

[第5章の一部]
高梨克也(2015)「懸念を表明する：多職種ミーティングにおける野生の協同問題解決のための相
　　互行為手続」『認知科学』, 22(1), 84–96.

[第6章]
高梨克也・平本毅(2011)「ミーティングの周辺的参加者が何かに気づくとき」, 電子情報通信学会
　　技術報告HCS2011-41, 77–82.

[第7章]
Katsuya Takanashi and Takeshi Hiramoto (2012) Designing a future space in real spaces: Trans-
　　formation of heterogeneous representations of a "not yet existing" object. In Okumura, M.
　　Bekki, D. and Satoh, K. (eds.), New Frontiers in Artificial Intelligence: JSAI-isAI 2011 Work-
　　shops, LENLS, JURISIN, ALSIP, MiMI, Takamatsu, Japan, December 1-2, 2011. Revised Se-
　　lected Papers. 277–290, Springer.

[第8章]
平本毅・高梨克也(2015)「環境を作り出す身振り：科学館新規展示物制作チームの活動の事例か
　　ら」『認知科学』, 22(4), 557–572.
平本毅・高梨克也(2015)「社会的活動としての想像の共有：科学館新規展示物設計打ち合わせ場
　　面における「振り向き」動作の会話分析」『社会学評論』, 66(1), 39–56.

※初出時の原稿が共著のものについては, 今回の再掲ではそれぞれの初出原稿の第一著者(第6〜
7章は高梨, 第8章は平本)が改稿を行った.

あとがき

　本書は「シリーズ　フィールドインタラクション分析」の第1巻であり、日本科学未来館の常設展示『アナグラのうた〜消えた博士と残された装置』の制作過程での関係者のインタラクションを調査したものです。それまでは実験的に収録された「対話コーパス」を分析対象とすることの多かった私にとって、この調査は初めての大規模なフィールド調査でした。対話コーパスを対象とするのでは十分に知ることができない、会話参与者の参与と発言の自発的かつ複雑な動機、話し合いが行われる雑多な物理的環境との関わりといった側面にはある程度迫ることができたのではないかと考えています。本書の内容にご興味を持っていただけた方には、ぜひともお台場の日本科学未来館に足をお運びいただき、『アナグラのうた』を実際に体験してみていただけたらと考えています。

　本シリーズの企画は半ば偶然から始まったものでした。本書の調査がある程度終了しかけていた頃、何かの研究会（最早思い出すこともできません）にいらしていたひつじ書房の松本社長と休憩時間に立ち話をする機会がありました。そこで、この調査の内容を本としてまとめて刊行できないだろうかという希望を率直にお伝えしてみたところ、そのお答えは、「独立の1冊の本だと難しいが、むしろ同様のアプローチのものが今後複数巻のシリーズの形で出せそうならば積極的に検討したい」というかなり意外で、そして非常にありがたいものでした。そこからシリーズの刊行趣旨の文案や本巻以外の他の巻の執筆候補者への打診などを進め、シリーズとしての刊行が正式決定しました。

　さて、ここからはお詫びです。シリーズの刊行が決定したのは、実は今を遡ること約5年前の2013年9月で、同年11月にはシリーズ各巻の編者にも集まっていただき、各巻の仮題や概要などについての話し合いも行いました。方針についても、各巻とも大規模な書下ろしとはせず、関連学会・研究会などで発表した内容からセレクトして改稿したものを中心とするということにしたので、あまり時期を空けることなく、順次刊行していけるのではないかと想像していました。結局そこから第1巻の刊行まで約5年もか

かってしまったのはひとえにシリーズ監修者かつ本巻編者である私の不徳の致すところとしか申し上げようがありません。各方面で「オオカミ少年（ではなく中年）」のようなことを繰り返すこととなってしまいましたことを、この場をお借りして関係者の皆様に深くお詫び申し上げます。

とはいえ、「転んでもタダでは起きない」がモットーの貧乏性の私としては、せっかくの経験なので、こうした遅れの原因として（「編者の怠慢」といった個人的な要因以外に）比較的一般的に当てはまりそうな点をいくつか書き残しておこうと思います。まず、「素材」となる最初の学会発表等については、それぞれの学会の分野や特集号のテーマなどの「文脈」に即してまとめたものであるという点が曲者です。今回は既発表文献を再掲した「著作集」のようなものではなく、シリーズとして、またその中の一巻として、これらの素材を貫く核となるメッセージやストーリーのようなものを明確に打ち出すことが欠かせないと考えていましたので、こうした観点での改稿が思いのほか多くの認知的労力を要するものとなりました。次に、それぞれのフィールドについて、現地調査自体はある時期に一区切りとなることもあると思いますが、その後も分析と発表のサイクルは継続中ということが多いです。特に本シリーズのようなビデオデータを用いた微視的分析の場合、それなりの範囲のビデオデータを「見終える」という日はある意味では一生来ないかもしれないわけで、ビデオデータを見るたびに新たな分析課題を思いつくというサイクルが続いていきます。1冊の本にまとめるには、このサイクルのどこかで少なくとも一旦「一時停止」ボタンを押すような作業が必要になりますが、そのタイミングを決めるのは意外と悩ましい問題になります。最後に、このように「区切り」の時期を先延ばしにしていると、今度は以前に一旦まとめた分析内容などが学術的または個人的に徐々に新鮮味を失っていくということも起こりえます。そうした場合には、当初本に含めることを想定していた内容を大幅にアップデートしたり、ある場合には思い切って外して別の内容に差し替えたりするといったことも必要になるかもしれません。ある程度緊密な内容的まとまりのある1冊の本

を完成させる作業の難しさを今回改めて痛感しました。

　ここからはお礼です。本調査はJST戦略的創造研究推進事業さきがけ「多人数インタラクション理解のための会話分析手法の開発」(2009年10月〜2013年3月)と日本科学未来館が2010年10月〜2011年9月に実施した共同研究によるものです。長期のフィールド調査にご協力いただきました日本科学未来館と『アナグラのうた』制作メンバーに深謝いたします。展示とその制作過程の概要についての執筆をお引き受けいただきました小澤淳氏と島田卓也氏には、現地調査の最中から後日談のインタビューに至るまで、長期間さまざまな面で大変お世話になりました。小澤氏と島田氏以外にも、アナグラチームの未来館スタッフ(当時)の笹木一義氏、今泉真緒氏、瀬口慎人氏には調査に関わる制度的な手続きなどについてもお手数をおかけしました。関係者の皆様にもようやく刊行の報告ができそうです。

　上記さきがけプロジェクトの属していた研究領域「情報環境と人」総括の石田亨先生にお礼申し上げます。本書分担執筆者の平本毅氏には、本書に含まれているものも含むいくつかの共同研究を行わせていただきました。また、平本氏以外にも、このプロジェクトでは、データ整理やビデオ分析、文献調査、研究会運営などについて、城綾実、松嶋健、臼田泰如の各氏にご協力いただきました。高悠史氏にはビデオ再生ツール「再生くん」について、開発の意図や要望をきわめて的確に理解し、開発を進めていただきました。ありがとうございました。ビデオデータの収録と編集、テープ起こしについては、それぞれ株式会社らくだスタジオと有限会社コミュニティプラザに長らくお世話になりました。田村大氏にはコラムの執筆もご快諾いただきました。なお、本研究の一部については、科研費補助金基盤研究(B)「会話を通じた相互信頼感形成のマルチモーダル分析と共関心モデルの研究」(研究代表者:片桐恭弘)、「発話連鎖アノテーションに基づく対話過程のモデル化」(研究代表者:傳康晴)などの助成も受けました。

　本シリーズの他巻の編者である平本氏、坊農真弓氏、細馬宏通氏、榎本美香氏とは、それぞれのフィールドでの調査の工夫やデータ分析の方法・ア

イディアなどについて情報交換させていただきました。シリーズはこれから順次刊行が進んでいく予定ですので、引き続きよろしくお願いいたします。今回は私自身にとって初めての本格的なフィールド調査の機会となりましたが、フィールド調査に関しては、学生時代から20年以上にわたって参加させていただいているコミュニケーションの自然誌研究会、インタラクション研究会の場などで、きわめて多様なフィールドでの調査の事例や経験などについてフォーマル・インフォーマルにお聞きしてきたことが、さまざまな局面で私に指針や勇気を与えてくれました。相互行為分析については、今年2月に20周年を迎えた関西会話分析研究会の皆様とともに学ばせていただいたことが出発点となっています。もちろん、本書の記述内容に関する責任は著者及び編者にあります。

　最後に、本シリーズ企画の趣旨と潜在的な価値をご理解いただきましたひつじ書房の松本功社長にお礼申し上げます。丹野（旧姓渡邉）あゆみさんには、初期段階から本書の構成やレイアウトなどの案について相談させていただきました。長らく執筆が滞り、ある意味では「オオカミ中年」の最も実質的な被害者となってしまったのではないかと思います。本当にご迷惑をおかけしました。丹野さんからバトンを引き継いだ相川奈緒さんには、「完成した章から部分的に入稿し組版を試してみていただく」という、かなり進めにくい方法をお認めいただき、忍耐強く、かつ情熱を持って推進していただくとともに、構成面だけでなく、一部の執筆内容についても複数のご提案をいただきました。おかげさまで、ようやく刊行にこぎつけられそうです。シリーズの他の巻につきましても、引き続き何卒よろしくお願いいたします。ブックデザインにつきましては、株式会社中野デザイン事務所にお願いしました。細かい要望にご対応いただいたことにお礼申し上げます。

　　　　　　　　2018年7月　梅雨明けを待つ京都にて

　　　　　　　　高梨克也

索引

A–Z

ID 42
Why that person now? 4,63,98,108
☞ 39

あ

アージ理論 118
アジェンダ設定 113
アドレス装置 65
アナグラ 30
アナグラチーム 207
アナグラのうた 39
誤った警報 117
安全文化 117

い

飯田和敏 28,44,211
イキトイキ 40
一理ある 143
一貫性規則 107
一般公開 43
イド 40
異文化 (コミュニケーション) 115,208
インターネット物理モデル 15,213
インデックス 55

う

受け手 64
うた 42
裏話 202

え

エスノグラフィー 212
演出家 32

か

解説映像・端末 40,211
会話の流れ 140
会話分析 125,169
カウンターパート 33,115
科学技術政策 16
科学技術のマイナス面 13

科学技術リサーチ 15,211
科学コミュニケーター 25
カテゴリー付随活動 106
カルチャーショック 207
彼らは何が気になる人たちなのか 81
環境と組み合わされる身振り 181
監修者・演出家 44
間接言語行為 90
関与 (配分) 5,129

き

記号化 164
記号論的リソース 165
疑似分裂文 83
擬態語 123
気づき・気づく 6,119,128,143,209
キックオフ (ミーティング) 47,117,207
気づけ 122
気になるのは 83
基本計画 23
基本構想 23
基本設計 30
協働的想像 169
協同問題解決 111,150
行列 42
局所的な参与 74

く

空間情報科学 16,18,40
空間デザイン 33,47

け

経済性規則 106
ゲームクリエーター 25
ゲーム制作 41
懸念 83,117
懸念導入表現 83,153,199
懸念の解消 92
懸念表現 83
懸念表明－解消連鎖 89

研究費 37
現在進行形の科学技術 13
限定合理性 112,118
現場 45,167
現場での検証 157

こ

高信頼性組織 114
行動化（アクティングアウト） 188
コーパス 35
個人情報 17
「この世にまだ存在していない」対象物 112

さ

再演 150
最小有効多様性 115
再生くん 78
再ログイン端末 42
撮影者 54
サブグループ 47
更地から考える 202
参与役割 63

し

シアワセ 40
思考の流れ 140
仕事をする人たち 201
指示対象 149
下請け 203
シチュエーション型展示 26,40
実演 169
実施設計 44,197,211
実寸大 159
実物展示 24
柴崎亮介 16,44,211
社会科学 125
社会化された情動 120
社会的属性 81
什器 48

周辺的参与者 129
周辺（的な）メンバー 73,95
順位得点 74,95
順番交替規則 64
順番交替システム 64,107
常設展示 13
冗長性 124
情動 118
情動的なモニタリング 119
情報科学技術と社会 14
情報学 35,209
職能 99
人工知能 209
身体の捻り 174
人物捕捉追跡システム・センサ 42,47
人物捕捉追跡システム開発 33
心理的に安全な場 117

す

スイスチーズモデル 114
ストーリー 28,212

せ

成員カテゴリー化装置 106
制作進行 32
製作施工 44,47,197
製作施工管理 32
精緻化 156
精霊プラン 20,29
世界観 28,212
節単位 122
潜在的な問題の存在への気づき 113
センシング 41
先端の科学技術 24

そ

相互行為上の課題 177
造作物 48
想像の共有 8,168
組織図 205

組織体制	30,47,203
組織文脈	121
組織役割	68
組織論	111
ソマティック・マーカー仮説	118

た

ターン構成部	64
ターンの内部構造	84
ターン割り当て部	64
体験型展示 (ハンズオン展示)	24
タイムカウンタ	78
多職種	5
多職種チーム	99,114,208
多職種ミーティング	44,114
多人数会話・インタラクション	4,63
探索	128
談話区間	71,95

ち

チーム	120,208,213
注意	118,128
抽象化	164
中心的なメンバー	71
調査される・された側	199,214

つ

つながりプラン	20,26
つなぎ役	205

て

出会い	42
提案要件書	203
定式化	140,155
定例	44
テープ起こし	78
適切性	66,108
デジタルゲーム	28
デジタルコンテンツ	47
デジタルコンテンツ開発	32
展示開発フロー	23

展示監修者	17
展示コンセプト	18,27,169
展示手法	14,23,208
展示プラン	18

と

当事者	199
トランスクリプト	78

な

内装監理	206
ナガメ	40
何が気になる人か	110
何者として	106

に

二者間バイアス	66
日本語話し言葉コーパス	83
入札	203
認識可能性	181
認知的分業	142

の

残された装置	40

は

ハイジャック	42
配慮	108
発話量	68
発注契約	31,207
発話得点	74,95
発話率	69

ひ

東日本大震災 (2011年3月11日)	
	46,190,200
ビデオカメラ	54
ビデオデータ	54
ビデオデータ収録	43
評価連鎖	120
表形式	160
表象	150
表象の間の変換	162

ふ

フィールド調査 1,35,52

俯瞰 153

複数単位ターン 85

伏流水 140

付随的関与 129

振り向き 173

プロジェクター 42

分科会 45

分散認知 120

ほ

ポインティング 153

傍参与者 5,64,107

傍参与者が回答 97,103

傍参与者が表明 97,102

傍参与者へ 97,102

ボトムアップのチーム編成 205

ま

マイク 54

迷子センター 42

「まだ存在していない」対象物 7,149

マネジメント 213

み

ミー 42

ミーティング 5,52

ミーティングメソッド 200

身振り表現の挿入 184

身振り表現のやり直し 177

未来館 13,24

未来館スタッフ 33,44

も

物語 40

問題だ 115

問題の表現・定式化 113

問題発見 112

や

野生合理性 118

野生のリスク管理 122

ゆ

ユビキタス 16

ら

来館者層 19

来館動機 18,211

ラウンドテーブル (RT) 31,44,48,199

らくだスタジオ 47,191

り

リーマー 119

利害関心 101,119

リスク管理型 112

略年表 46

臨場感 201

隣接ペア 65,107

る

類似性 150

類像記号 150

れ

連鎖上の生起位置 86,96

ろ

ログイン端末 42

ロスト 42

わ

ワークプレイス研究 5

ワカラヌ 40

話題導入表現 83

監修者・編者・執筆者紹介

［編者］

高梨 克也（たかなし かつや）

京都大学大学院人間・環境学研究科博士課程研究指導認定退学。博士（情報学）。
京都大学大学院情報学研究科研究員、一般社団法人社会対話技術研究所理事、など。
主要著書：『多人数インタラクションの分析手法』（共編著、オーム社、2009年）、
『インタラクションの境界と接続―サル・人・会話研究から』（共編著、昭和堂、2010年）、
『基礎から分かる会話コミュニケーションの分析法』（単著、ナカニシヤ出版、2016年）、他。

［分担執筆者］

小澤 淳（おざわ あつし）　　（2.1節）

岩手大学工学部情報工学科卒。
日本科学未来館科学コミュニケーション専門主任。
主な展示：『メディアラボ』（常設展示、未来館、2008年）、
『アナグラのうた〜消えた博士と残された装置』（常設展示、未来館、2011年）、
『未来逆算思考』（常設展示、未来館、2016年）、他。

島田 卓也（しまだ たくや）　　（2.2節）

東京工業大学理学部情報科学科卒。
展示プランナー・ディレクター、日本科学未来館非常勤職員。
主な展示：『アナグラのうた〜消えた博士と残された装置』（常設展示、未来館、2011年）、
『The Lab.』（ナレッジキャピタル、2013年）、
『インターネット物理モデル』（常設展示、未来館、2001、2017年）、他。

平本 毅（ひらもと たけし）　　（第8章）

立命館大学大学院社会学研究科博士課程後期課程修了。博士（社会学）。
京都大学経営管理大学院特定講師。
主要著書：『会話分析入門』（共著、勁草書房、2017年）、
『組織・コミュニティデザイン』（共著、共立出版、2017年）。

田村 大 （column5）

横浜国立大学教育人間科学部マルチメディア文化課程卒。

株式会社らくだスタジオ。

大学在籍中、故・梅本洋一氏の下で映画論を専攻。現在は映像演出・脚本家として劇映画、ドキュメンタリー、ミュージックビデオなど多様な映像制作に携わる。

高梨 克也 （上記以外を執筆）

編者に同じ。

[監修者]

編者に同じ。

シリーズ　フィールドインタラクション分析 I

多職種チームで展示をつくる
日本科学未来館『アナグラのうた』ができるまで

Series on Field Interaction Analysis 1
Multi-Professional Team Developing New Exhibition
"Songs of ANAGURA" in Miraikan
Edited by Katsuya Takanashi
(Supervised by Katsuya Takanashi)

発行⋯⋯⋯⋯⋯⋯2018年8月20日　初版1刷
定価⋯⋯⋯⋯⋯⋯3200円+税

監修者⋯⋯⋯⋯⋯⋯高梨克也
編者⋯⋯⋯⋯⋯⋯©高梨克也
発行者⋯⋯⋯⋯⋯⋯松本功
ブックデザイン⋯⋯⋯⋯中野豪雄+鈴木直子（株式会社中野デザイン事務所）
印刷・製本所⋯⋯⋯⋯三美印刷株式会社
発行所⋯⋯⋯⋯⋯⋯株式会社ひつじ書房
　　　　　　　〒112-0011 東京都文京区千石2-1-2 大和ビル 2階
　　　　　　　Tel 03-5319-4916　Fax 03-5319-4917
　　　　　　　郵便振替 00120-8-142852
　　　　　　　toiawase@hituzi.co.jp　http://www.hituzi.co.jp/

ISBN978-4-89476-731-7

造本には充分注意しておりますが、落丁・乱丁などがございましたら、
小社かお買上げ書店にておとりかえいたします。
ご意見、ご感想など、小社までお寄せ下されば幸いです。

［刊行書籍のご案内］

会話分析の基礎

高木智世・細田由利・森田笑　著

定価 3,500円+税

会話分析は、日常会話の詳細な分析により、社会的な相互行為の秩序を明らかにすることを目的として社会学から生まれた学問分野である。近年その研究方法を言語学や言語教育学の分野で用いようとする試みも増えている。本書は、そうした状況を踏まえて、相互行為としての会話を分析する際の視点や会話分析が目指すものをわかりやすく解説し、豊富な事例と各章末の課題を通して会話分析の基礎を学べるようにした入門書である。

ひつじ研究叢書（言語編）　第151巻

多人数会話におけるジェスチャーの同期

「同じ」を目指そうとするやりとりの会話分析

城綾実　著

定価 5,800円+税

「私はあなたと同じ理解をしている」ことを相手に伝えるには、さまざまなやり方がある。本書では、二人以上で同時に同じジェスチャーをするジェスチャーの同期を対象とし、複数の相互行為環境で収録した映像データをもとに、人びとが「同じ」を目指すやり方に迫る。会話分析による精度の高い形式的記述を通じて、言語によるやりとりのみならず、身体と言語、身体と身体の相互彫琢を支える人びとの合理性と柔軟さを明らかにする。